How
Builder Personality
Shapes Your Business,
Your Team, and Your
Ability to
Win

BUILT FOR GROWTH

创业者的
自我修养

克里斯·曲恩　约翰·丹纳◎著

王沫涵◎译

ZHEJIANG UNIVERSITY PRESS
浙江大学出版社

创业者性格——商业增长的原动力

如今，创立并发展业务是每个管理者、领导者及创业者的首要任务，也是每个公司得以存在的根本原因。

如果你是一名创业者，无论是经营一家独立的初创公司，还是在大型企业从事内部创业，抑或负责一条新的产品线，你都会面临一系列独一无二的挑战，比如把想法落实成产品、激励灵感进发的团队、把客户发展成长期合作伙伴、与投资方结盟、逐步扩大业务规模等。在应对挑战的过程中，你也会时常从不认同你的想法的人那里感受到强大的阻力。

作为大型企业及初创团队的顾问、新商业模式的投资方、大学教授以及创业者，我们对这些挑战很感兴趣。在以往的职业经历中，我们曾与上千个管理团队、几万名普林斯顿及伯克利的学生分享创业及发展的原则，也投资过几十家成长迅速、横跨不同商业领域的初创公司。通过这些宝贵的视角，我们时常惊喜地发现领导者和创业者会选择各式各样的道路以实现持续的商业发展。

或许你曾经也跟我们一样，好奇是否可以归纳出不同的成功路径。成功的人是如何做到的？会不会存在决定创业成功及商业发展的秘诀？为什么相比之下有些人更容易做到这些呢？

为了回答这些问题，我们采用了一套获得了专利的研究方法，剖析成功的创业者及其成功法则（请查看"研究方法"和附录一，了解该方法的细节）。此外，我们还阅读了关于成功创业者的文献，深入采访了几十名经验丰富的创业家。

我们的结论就是本书的核心观点，即领导者及创始人的性格是创业成功的原动力。

也就是说，个人信念及偏好的特定结合会促使实干家形成具体的动机、决策及领导风格，这些对于创业及组建成功团队都至关重要。性格在业务启动期及扩张期发挥着极强的作用。它是这些阶段的核心，但也有可能成为阻碍进程的障碍。任何参与、管理或投资新业务的人都需要了解"创业者性格"的力量与作用。

当然，无论是初创公司还是成熟企业的内部创业项目，许多因素都左右着新业务的成败。不管背景设定如何，创业者都会像著名的哈佛商学院教授霍华德·史蒂文森（Howard Stevenson）定义的那样投入创业："在有限的资源下追求无限的机会。"但与事业发展所需的外部资源不同，性格明显是由本人直接掌握的。

本书解读了创业者性格及其与立业进程的相互联系，研究介绍了四种创业者性格，展示出每种性格特征在创业过程中的优缺点。本书以实践为主，提供了可用于测试的性格蓝图，以此帮助读者把这些想法应用在创立事业、组建团队及全力制胜的过程中。

四种创业者性格

通过研究，我们发现并没有单一的成功创业者类型，相反，在个性不同的男性与女性中，存在四种截然不同的"创业者性格"。我们把他们定义为"驱动者""探索者""改革者"及"引领者"，每种类型的创业者在创业动机、决策风格、管理及领导方面都各有千秋。第一章至第四章会深入探讨这些创业者性格，并援引实例及故事说明它们各自的作用。这里先简要描述一下每种性格。你最有可能是哪种性格？读完四种性格的总结后，请用"创业者性格探索"工具来评测你的性格。文中的"实践中的创业者"提供了实践中能体现四种创业者性格的真实案例，可供参考。

驱动者：自信坚持，聚焦盈利

驱动者无法抑制自己，他们必须成立公司或从事社会创业，从而获得自我认可。这类人天生具有创业者精神。他们极有自信，对市场及客户需求有准确的直觉，并能基于这些判断持之以恒地追求商业成功。他们躲避规则及官僚体系，认为这些是管理一般人的道具，但会限制那些有天赋且思想独立的角色。驱动者愿意竭尽所能，赢得商业成功，开掘他们坚信的无限潜力，具有使命感。

虽然不是每个驱动者皆是如此，但他们一般都要经历证明自己的过程。或许他们曾遭遇挫败，在早期职业经历中受人忽略甚至被解雇，又或许他们成长环境相对普通，然而驱动者都会充满斗志，利用他们与生俱来的技能创造巨大价值，享受更好的生活。马克·库班（Mark Cuban）就是一个典例。虽然库班是汽车装潢师的儿子，但他始终相信，借助自己的动力以及天生的商业才能，他能够且应该为自己及家人创造更美好的未来。忍辱负重的经历使驱动者需要不断地向其他人证明自己。

驱动者不是沉迷在各种想法中的幻想家，他们是实干家，在奋斗的路途中，他们愿意比任何人都拼得更猛，想得更深，卖得更多。正如发展迅速的新型健康饮料公司 Bai Brands 的本·维斯（Ben Weiss）所言："我的性格中有一股韧劲，让我做出这款产品。我是世界上最执着的人，而不会装作屋子里最聪明的那个。每个人都有不少想法，我只是比大部分人多做了一些，试验了这些想法。如果失败了，我也不会觉得沮丧失望。我会尽快恢复，继续前进。"

但是，驱动者的高强度与高专注度也会有代价。他们可能会耗尽团队，剥夺团队成员应有的权利，而这正是加强团队成员技能的关键、企业规模化的基础。

探索者：好奇冷静，关注体系

探索型创业者不一定有足够的动力从零创业，但他们能挖掘并解决根深蒂固的难题。无论是设计更好的连裤袜（内衣品牌 Spanx 的莎拉·布莱克利，Sara Blakely），还是解锁电子商务潜能（亚马逊的杰夫·贝索斯，Jeff Bezos），他们的解决方法是专注在产品及流程上。这些人能成为独立的创业者或在已有的企业内部创业，是因为建立新业务似乎是用商业化的具体方法解决问题的最佳形式。

一旦探索者被问题吸引，他们就会专注于执行，至少直到寻找解决方案的过程中出现下一个有趣的问题。在管理风格方面，他们事必躬亲，有时也会有管理过于集中的问题。

探索者擅长系统思考，他们喜欢调试系统，从而找到更好的方法。所以，在做决定时，他们更像经验主义者，依赖相关事实及问题的内在逻辑，而不是情绪或直觉。

探索型创业者会吸引相似的擅长解决问题的人，他们都会通过展现自己独特的系统思维积累自信。当然，公司中也会有与他们最关心的解决方案无关的领域，探索者一般对此不屑一顾，比如他们可能觉得销售与市场部门是必要的冗余，毕竟他们优秀的解决方法本身也应该具有销售价值和市场。

⚑ 改革者：胆大心细，有使命感

改革者会受到一股强烈的内在欲望鼓舞，希望通过解决对市场及社会有用的问题，使世界变得更美好。这种"改革"可以是 Ben & Jerry's① 专门为社会公益推出的一款冰淇淋、杰妮·弗莱斯（Jenny Fleiss）与珍·海曼（Jenn Hyman）的 Rent the Runway② 为某个特别场合设计的一款高性价比礼服，还可以是"废物治理行业的优步（Uber）"、内特·莫里斯（Nate Morris）创办的

---

① 仅次于哈根达斯的美国第二大冰淇淋制造商。

② 一家旨在为女性提供重要场合的知名设计师服装租赁服务的网站。

Rubicon Global^①更有效、负责的车库管理方法。改革者能从深刻的同理心出发，创立以不同使命为根基、怀有大胆的长远愿景的公司。

他们有清晰的目标，感激甚至期待邀请他人一同实现目标的每个机会。也就是说，改革者展现出一种难得的混合型性格，他们敏感且谦逊，对公司的光明未来又极有自信。与探索者不同，他们常常凭感觉做决策，基本上全部依赖直觉判断对错。

核心使命感引导着改革者前行，但他们也会碰到难解决的团队问题。尽管改革者确实能吸引受到公司使命感召的忠心追随者，但他们常常回避冲突，把专注投入但绩效不佳的员工留在团队中，而不是把他们清理出去。从运营角度来说，改革者常常不能发挥他们的功能，不能像其他类型的创业者那样提供清晰的管理指导。

引领者：务实直接，注重团队

引领者组建团队，并不只是辅助团队的产生和发展。这些创业者专注于围绕核心价值观及共同的责任感打造公司文化。他们享受在幕后管理团队的过程，相信公司同事及文化能推动实现他们一同为公司设想的美好未来。与探索者及驱动者不同的是，引领者的满足感来自群体，而非个体。

尽管引领者比其他三类创业者更愿意先听从他人的建议，但他们很清楚船应当朝着什么方向驶去、到达目的地需要做出什么努力。通过挖掘周围个人或

---

① 一家致力于垃圾回收处理的科技企业。

团队的生产潜力，引领者旨在成立具有长久价值的企业。

作为领导，引领者相信明确目标并放权执行的方法。虽然他们更倾向于做出以共识为前提的决策，但当团队的表现不及预期时，他们也会展现外柔内刚的一面，有策略地强硬起来。

做决策时，引领者会有意与使命、远见及此前的个人承诺保持一致，同时他们也会展露冷静果敢、专注于发展的一面。在引领者管理的个人及团队中，他们是最擅长进行直接、诚恳、连贯对话的成熟领导者。但某种程度上，他们以共识为基础的策略与渐进主义类似，这可能使他们错过机会，而不能追求市场上更具颠覆性的创新。

你最符合哪种创业者性格？

前几页的介绍能让你很快明白自己符合哪一种创业者性格。接下来，我们将详细介绍分类方法，让你明白为什么你更贴近某一种具体的创业者性格。

表 0-1 是"创业者性格探索"工具的简化版。

对于表格上的每个问题，你需要选出最认同的那个选项，然后可以像示例那样把每题的答案连起来。

在附录二中，我们列出了每种创业者性格会选出的选项组合原型，你可以将你的答案与之对比，从而明白自己属于哪种创业者类型。

为了更快模拟测试过程，我们简化了其中七个问题的答题方法，把原本的七分标尺改成了三个选项（即"同意""中立""不同意"），帮你更轻松地比对答案，找到相应的创业者性格。

对于每种创业者性格，针对一道题或不同题目的答案可以存在一些合理差异。

因为一种创业者性格的选项原型不能完全捕捉这种差异，所以我们强烈建议你访问我们的网站 www.builtforgrowth.com，网站上的强大算法会帮你把你独一无二的问题答案以七分标尺的形式转换出来，这样能更准确地评估你的性格类型。

表 0–1 "创业者性格探索"工具：选出最符合你的选项

动力与自我认知	1.我一直知道某天会开自己的公司，做自己的事。		
	不同意	中立	同意
	2.我认为我能成功的三要素是运气、时机以及市场环境。		
	不是		是
	3.我会因为销售产品（服务）/发布产品（服务）而充满动力。		
	销售	中立	发布
决策模式	4.在确认一个问题时，我更依靠事实/直觉。		
	事实	中立	直觉
	5.我们的公司文化十分鼓励实验与尝试。		
	不同意	中立	同意
领导风格	6.我主要通过同情心/同理心激励他人听从我的领导。		
	不是		是
	7.我把公司当作我的公司/我们的公司。		
	我的公司	中立	我们的公司
	8.我认为成功的最关键因素之一是管理团队/负责管理的同事。		
	不是		是
管理方式	9.我许多朋友或同事都觉得我是控制狂。		
	不同意	中立	同意
	10.我不认为艰难的商业决策是个人问题，我只是把它们看作商业的一部分。		
	不同意	中立	同意

或许你会好奇为什么我们会需要这样的算法。考虑到这些问题的选项组合之多，分析所属性格很明显不能靠传统的纸笔方式。

如何应对持续变化的创业挑战

在本书中，你还会看到每种创业者如何应对挑战，从而为用户、投资人、员工及他们自己打造可延续且有规模的商业价值。无论创业者的具体情境是什么，他们都会碰到一系列反复发生、考验能力的变化。同类型的变化与趋势有可能会挑战任何一种创业者。最突出的挑战有五种，它们将贯穿商业发展的始末，改变业务的某种资源或某个方面，即解决方案、团队、客户、投资人及规模。我们将之称为"发展的动态要素"（growth dynamics），如图 0-1 所示。

图 0-1　五种发展的动态要素

这五种动态发展要素能验证并暴露一个人能力的长处及弱点。有些相关的实际问题可以被轻松应对，有些则会挑战到你的核心。

我们出于几个原因选择使用"动态要素"（dynamics）一词。首先，这些挑战会时常变化，因为商业本质、发展阶段及行业背景会不断改变。其次，它们不一定会依次出现，而是常常同时爆发。再次，它们会贯穿创业的整个过程。对于能力卓越的创业者来说，这些动态要素会改变商业价值。

此外，"动态发展要素"一词还抓住了创业的本质。广义上说，动态要素是指"在一个体系或一套流程中，刺激增长、发展及变化的动力及属性"。这个定义没有任何错误。物理学家用这个名词代指外力作用下物体运动中的力学。这种用法同样适用于描述企业发展的历程，因为企业的创业者也需要努力生存、实现规模。

本书将着重讲解每种创业者性格（人）与五大动态发展要素（事）的相互作用，正是这些联系展现了被创造、改变或摧毁的商业价值。

创业者的行事风格与动态发展要素

本书不单单定义并描述了四种创业者性格类型。我们还会从不同角度观察现实中的创业者，比如不同类型的创业者表现出什么行为及偏好、他们的决策过程是什么，以及他们是怎样处理关键的动态增长要素从而带领并管理团队的。

任何一种类型的创业者都没有取得成功的钥匙，每个创业者都要规划自己的蓝图。有些创业者的策略相较之下更加有效，一定程度上反映了他们的天赋和差别。但总体而言，四种创业者的不同策略可以组成一套实用的经验法则，你可以利用它们来发挥自己的独特优势，解决你面临的挑战，在此过程中成长为一个更强大的创业者。

我们会引用访谈及其他来源的故事及例子，讲述每种创业者在诸多商业场景下解决挑战的方法。无论你属于哪种创业者类型，你都可以从其他三种创业者身上学到一些知识。无论你是在独立的初创团队工作，或在大公司中从事内部创业，还是正在考虑开一家新公司，准备投身全社会的创业大潮，这些深刻的商业洞见能让你做好准备，提升创业成功的概率。

实践中的创业者性格

接下来，让我们看看这几种创业者性格在硅谷是如何体现的，了解一下每种创业者性格如何塑造四大科技巨头公司的组织结构、发展轨迹和企业文化。

苹果的驱动者

苹果是我们要谈的第一家公司。说到从初创公司中脱颖而出的成功典例，苹果是每个人心中当之无愧的首选。我们暂时不提史蒂夫·沃兹尼亚克（Steve Wozniak）和史蒂夫·乔布斯（Steve Jobs）创立苹果之时给整个计算机行业带来多少颠覆性影响，只想想 1997 年天赋异禀的乔布斯回归并重振苹果，给这家公司带来了什么难以磨灭的印记，我们就会发现，乔布斯的性格塑造了整家公司的命运：他拥有天生的创造力，做决策时依赖直觉，管理风格严苛且粗放。乔布斯是顶级驱动者，他冷酷无情地驱使公司达成他心中"做出极致出色产品"的愿景，只因为他确信世界和用户将需要这类产品，甚至在外界意识到这一点之前，他就已有所领悟。这种敏锐的市场感知力，搭配想要做出与市场契合度最高的产品的强烈愿望，就定义了我们所说的"驱动型创业者性格"。

乔布斯引领下的苹果不是一家"其乐融融"类型的公司。相反，创始人兼 CEO 才华超群，有时难免反复无常，在他引人注目的管控下，苹果公司自傲、反叛、神秘。在苹果公司，精简的设计美学、强大的功能技术以及新颖的商业模式融为一体，并不断反映出驱动者的塑造能力——他们即使在面对还不熟悉的领域时，也具备强大的塑造能力。

脸书的探索者

在把脸书（Facebook）打造成今天全球现象级社交平台的过程中，马克·扎克伯格（Mark Zuckerberg）展示出他创业者性格中根本的好奇心、系统思考能力以及对一个有趣挑战的执着："我该怎么吸引朋友和想要约会的对象，与其互动，记录其形象并与其保持联络？"根据扎克伯格朋友的描述，他符合探索型创业者的个性。

虽然脸书的总部就在苹果的邻街，但当你走过脸书总部的大厅、与那里的员工交谈之后，你便会发现这两家公司不属于一个世界。脸书提倡灵活解决问题的工作氛围，鼓励员工根据自己的兴趣选择业务项目。如脸书的首席人力资源官所言："我们的目的是围绕着员工性格塑造角色，不是预设角色而塑造员工。这样，我们就能为员工提供一个最大限度发挥长处的工作场所。"由此可见，这并不是乔布斯会统领的团队。

谷歌的改革者

谷歌最初的公司使命可能是世界上最具野心的一个——"整合世界上的信息，让所有人都能获取它们并充分利用"。（当然，谷歌的另一信条也毫不逊色——"不要作恶"）这是 1998 年由发起搜索革命的谷歌两位联合创始人拉里·佩奇（Larry Page）及谢尔盖·布林（Sergey Brin）率先提出的。自此，谷歌重新定义了人们使用互联网的方式，重新设计了工作场合的定义，重新明确了它的商业模式，例如把极其成功的广告业务与包括自动驾驶在内的"登月"式创新计划分离。谷歌及母公司 Alphabet 践行开放包容、志向宏大的企业文化，反映了相对创新且宽松的管理风格，这也符合改革型的创业者性格。

其实，谷歌的两大主要业务都是搜索引擎，一是现实信息的搜索，二是未来可能性的探索。无论是哪一种，都反映了公司改革者灵活变通、享受试验的工作风格。这些改革者有胆魄，亦有卓识。

惠普的引领者

我们要了解的最后一家公司在硅谷文化的起源地，距离比尔·休利特（Bill Hewlett）与戴夫·帕卡德（Dave Packard）以 568 美元创办惠普公司的单车位车库不远。两位创始人对他们的技术以及想打造的公司都有宏远的见解。两人出色的技术才能和管理智慧结合在一起，给惠普在大半个世纪的发展历程刻下了难以磨灭的烙印。休利特与帕卡德都是专注于打造出色产品及团队文化的引领型创业者。

他们的引领型性格也就是常被提到的"惠普模式"（the HP way）。它强调合作的重要性，指导公司做出艰难的商业决定，代表公司在员工及用户心中的形象。尽管近几年惠普失去了它的优势地位，但它的发展历史仍然值得骄傲，或许未来某天它会重获成功。

利用科学的研究方法，探寻创业者性格的奥秘

本书采用的研究方法是由克里斯（作者之一）及他创立的营销咨询公司"罗塞塔"（Rosetta）发明的，经由实例验证且已注册专利。人们用它分析成百上千个市场中形形色色的消费者性格。在过去近 20 年里，这套基于性格的聚类技术已被应用在医疗健康、消费技术、金融服务及零售等领域，强生（Johnson & Johnson）、百时美施贵宝（Bristol-Myers Squibb）、基因泰克（Genentech）、第一资本（Capital One）、富达国际（Fidelity）、花旗银行（Citibank）、微软（Microsoft）及三星（Samsung）都曾是罗塞塔的客户。

罗塞塔的研究方法回答了一个基本问题——谁会购买某种产品或服务，消费的原因是什么。我们在本书中利用相同的方法，解答一个更上层的问题——谁能首先创建销售那些产品和服务的公司，成功的原因是什么？

研究对象

成功地开创一项事业并将其发展到一定规模是一场马拉松。我们关注的不是马拉松参赛者与众不同的一般性格特征，比如适应风险、接受不确定性、有抱负、独立自主等。无论创业者成功与否，你都能从世界上绝大多数创业的人身上注意到这些特点。

因此，我们的注意力投向马拉松比赛的赢家，他们创立了可以生存且持续增长的公司。这些企业家为增长而存在，他们的公司也经受住了时间与市场的考验。有些公司估值超过 1000 亿美元，而其他一些公司的年收入无法企及这个数字。然而，我们的研究表明，几乎所有具有创业精神的创业者都克服了重重挑战，为公司赢得了时间、影响及规模。尽管我们不能保证这些人的公司和事业能长久地生存下去，但至少他们已经把大部分马拉松选手甩在身后。

研究步骤

因为个人动机、信念及偏好会左右创业者如何实现增长，所以我们首先需要根据这些基本要素给创业者划分类别。我们设计了一份100道题的定量问卷，它结合了我们作为咨询顾问、投资人及教授的实践经验，也吸收了罗塞塔问题设计的技巧——他们曾通过巧妙的提问，区分引发不同行为的性格维度。接下来，我们将制定好的问卷发给一群来自全国各地的成功企业家，这些创业者战胜了种种艰难，使公司生存下来并持续发展。

利用罗塞塔的研究方法，我们分析了几百万种潜在的问卷选项组合，最终总结出来四种各有特色的创业者性格。我们的算法检查了每一种问题及回答的组合，刻画出了最小数量的创业者性格；我们用最少的问题，最大化地呈现不同性格类型之间的相似性及差异性。这套方法不仅让我们能够判断成功的创业者属于四种主要性格类型中的哪一种，而且同样适用于偶尔会出现的混合型创业者——他们虽然主要展现了某一种类型的性格特征，但也兼具其他类型的一些性格特点。

决定创业者性格的因素（动机、决策风格、管理及领导风格）还为每种类型的"对立补充"（polar complement）奠定了基础。我们把这两个看似矛盾的词语拼在一起，用来表示某种性格类型的对立面，它们的特性会驱动截然相反的偏好及行为。每种性格类型的人都能从相关类型的对立面中学习一些心态及技能，这些知识也能作为一种性格补充。

这个概念鼓励人们通过了解并接近自己的对立个性加速个人成长。我们借鉴了心理学家伊莎贝尔·布里格斯·迈尔斯（Isabel Briggs Myers）和凯瑟琳·库克·布里格斯（Katharine Cook Briggs）的相关著作，她们的理论也参考了心理分析学家荣格（Carl Jung）的心理类型理论。我们在第八章中会详细讨论跨类型性格研究的可能性。

我们通过建模将原本的研究工具提炼成上文中由 10 道问题组成的"创业者性格探索"工具。我们把这个工具发给来自各种行业及领域的成功创业者，无论他们是在经营独立的创业公司还是在开展企业内部的创新业务计划。几千名成功的创业者完成了这份问卷。

为了加强对每种性格类型的理解，我们一对一深入采访了涵盖四种类型的几十名创业者。此外，我们还回顾了其他杰出企业家的洞察及观点，在本书后续章节中，你也会了解许多有关他们的故事。（有关研究方法的进一步说明，详见附录一）

研究基础

本书植根于两大关键支柱——个人性格与业务增长。个人性格是几十年来学术研究的经典课题，你可能也接触过一些被广泛应用的性格测试工具，例如 MBTI 职业性格测试（Myers-Briggs Type Indicator）、DiSC 性格测试（DiSC Profile）以及霍根性格测试（Hogan Assessments）。业务增长指向杰弗里·摩尔（Geoffrey Moore）的代表作——《跨越鸿沟》（*Crossing the Chasm*）。这本商业著作讲述了在规模化的过程中，公司面对不同消费者群体会遇到的基本挑战。摩尔将消费者划分成五类——创新者、早期使用者、早期大众、后期大众及落后者；针对每一类消费者，公司遇到的挑战都不一样。摩尔的著作给我们带来了很大影响：罗塞塔方法论最初就曾受到它的启发，在本书中我们也会以相似的方式阐述管理者及创始人在创立并发展公司的关键阶段会遇到什么类型的挑战。

本书能给你提供什么帮助？

我们不是首先尝试破解从 0 到 1 实现商业价值的人。在安德鲁·卡内基（Andrew Carnegie）、亨利·福特（Henry Ford）、拉里·埃里森（Larry Ellison）、玛丽·凯（Mary Kay）、阿里安娜·赫芬顿（Arianna Huffington）和奥普拉·温弗瑞（Oprah Winfrey）等传奇企业家的传记中，人们可以读到一些成功的线索。他们的故事使人着迷，鼓舞人心，意义非凡，从中读者可以学到许多关于创业及增长的知识。

本书也不会教授读者如何按部就班地成立公司或开展业务、寻找产品的市场定位或掌握创新的奥秘。

"造就好餐馆的只有好厨师，而非好菜谱。"虽然许多书会这么写，这类书籍也有一定的价值，但它们忽视了最关键的元素：创业者是谁，以及他们的性格如何，与必然且动态的创业挑战是相互影响的。

了解相关创业者性格的天赋与缺点之后，你能更好地应对商业生存与增长的基本挑战。我们会提供实用的建议，告诉你如何利用每种性格成功与失败的模式，解决形形色色的增长问题，成为更强大的创业者。

创业者的工作环境既有可能在现有企业之外，也有可能在其内。本书涵盖了这两种创业者。其实，无论在哪里创业，创业者性格的作用都是相似的。当然，在此基础之上，我们也会针对不同的情况突出一些情境上的细微差别。

如果你有志做一名创业者，本书可以让你了解成功的模式，通过实践逐步实现业务规模。你能轻松地测出最符合你情况的创业者性格，学习如何从对手的深刻洞见中获益，从而应对未来的挑战。

如果你已经在创业公司工作或考虑加入初创团队，本书会帮你认识核心的创业者，找到与他合作并实现增长的最有效方式。如果你是创业公司的投资人或赞助方，你将通过本书学到识别及支持不同类型创业者的方法，以提高业务发展并取得可观规模的概率。

从个人经验来说，我们明白改变并非易事。所以，这本书的建议中有简单实用的操作方法，它们能直接提高你的个人优势；也有更具难度的系统变革，这可能要求你直面心底的顾虑甚至恐惧。你可以根据情况决定哪些策略最适合自己。

虽然从零创业常常意味着孤军奋战，但在我们看来，你并不孤独。你可以从相同性格类型的创业者身上找寻安慰和智慧，学习他们的品质，不管他们成功与否。此外，其他类型的创业者也能让你了解他们利用优势、克服劣势的方法。这些观察和借鉴都有许多益处。

全书概要

第一部分将详细介绍四种创业者性格，每章阐述一种类型。通过一对一采访每种类型的杰出代表人物，我们深入研究了他们在商业版图上得以留下印记的途径。我们会分享知名企业家的创业故事，包括冰淇淋大亨本·科恩（Ben Cohen）和杰瑞·格林菲尔德（Jerry Greenfield）、推特（Twitter）及移动支付Square 的创始人杰克·多西（Jack Dorsey）。

还会介绍名声较小但白手起家的创始人，包括清洁服务业的内特·莫里斯、美妆行业的格蕾丝·崔（Grace Choi）以及公寓洗衣业的史蒂夫·布雷特曼（Steve Breitman），他们通过个人奋斗在各自的领域都取得了令人瞩目的成就。书中也有大企业内部的优秀企业家，包括：克里斯·平克汉姆（Chris Pinkham），他曾为亚马逊云计算服务（Amazon Web Services）打造基础技术；查理·考利（Charlie Cawley），他曾在马里兰州国家银行（Maryland National Bank）的一个小部门内创立后来的信用卡巨头美信银行（MBNA）；以及传奇人物诺伯特·贝尔塔（Norbert Berta），他发明了囊片剂型，帮助医药品牌泰诺（Tylenol）从 1982 年声誉扫地的投毒事件中恢复过来。

通过这些真实的案例，我们将示范每种创业者在追求商业成就的过程中如何处理不断变化的挑战：他们何时在创造价值，何时又在承受摧毁一切的风险？是什么造就了他们的性格？他们如何做决策、管理、带领团队实现业务增长？我们在每章的结尾都列出了一些实用建议，你可以立刻将它们付诸

实践，发挥你的特长，委派其他人做你不擅长的事以规避弱项，从而成长为更强大的创业者。

在第二部分中，我们把关注点从性格类型上移开，来探讨创业者为了达成增长而必须集齐的三类伙伴。第五章将探讨与联合创始人联手的必要性，这个主题与个人决定密切相关。我们会告诉你哪种合作者性格会与你的个性搭配得当。第六章会介绍如何招到最有工作默契的团队，而第七章的重点是如何吸引与你性格最匹配的投资人或执行发起人。

第三部分由一章构成。读到本书的第三部分，你会发现不只存在一种成功的创业者性格。任何类型的创造者都能以各自的方式取得成功。为了成为更出色的创业者，我们认为有两种策略。第一种叫作"专家创业者策略"（Expert Builder Strategy），即关注个人强项，提升个人天赋，把不擅长的任务及职责委派给他人。第二种策略更有野心，称为"大师创业者策略"（Master Builder Strategy），即向其他类型的创业者学习并借鉴他们的技艺，通过锻炼让自己具备同样的能力。

通向大师创业者的道路会迫使你审视一些长期存在的假设及倾向，它们可能来源于你最深的渴望及恐惧。在这一章中，我们将用知识及实用贴士武装你，让你走出所属的创业者性格，真正地拓展你的创业者技能库。这不会让你变成另外一种创业者，相反，就像世界上大师级的工匠及运动员那样，你是从自己的对立面那里学习策略及技巧，通过努力，它将转换成你的能力。

我们欢迎你踏上自我探索的旅程。在接下来的内容中，你或许会看到自己，或许会想到与你并肩工作、让你充满灵感的同事。我们希望在读完这本书时，你能感觉装备齐全、动力满满，准备成长为一个为增长而努力的强大创业者。

免责声明

本书不会试图解释在创业的马拉松竞赛中赢家与输家的本质差距。我们明确地只研究成功的创业者，因为我们认为从他们那里能学到更多。

本书是独立及企业内部的创业者、他们的团队及投资人的实用资源。我们的研究首先尝试解读创业者性格在实现商业增长的过程中发挥了多大作用，其次为如何成为更强大的创业者提供实用建议。

在我们看来，这本书只是协作的起点，为了了解创业者性格及创业过程的相互联系，我们还要付出许多努力。我们的研究以探索为主，其中展现出来的见解一定会被这个关键交叉课题的其他研究不断改进。我们十分期待类似的进展。另外，我们为每种创业者提出的建议以我们作为顾问、投资人及教授的职业经验为基础，但它绝不是能参透成功创业的唯一定论。创业精神是极其复杂的，谁也不能一言蔽之。

因此，我们邀请读者和同行在我们研究的基础上，继续梳理创业者性格与商业成功的动态发展要素之间的联系。我们希望，我们的理念会在创业者及追求增长的人之中催生一系列新的洞察及建议。

最后，为了更详细地了解我们的方法，包括准确鉴定单一及混合类型创业者的问卷问题，请见附录一。

目 录

第一部分　创造增长的创业者 / 001

驱动者、探索者、改革者、引领者的性格有何不同？

01　驱动者　 / 005

自信坚持，聚焦盈利

02　探索者　 / 033

好奇冷静，关注体系

03　改革者　 / 065

胆大心细，有使命感

04　引领者　 / 095

务实直接，注重团队

第二部分　组建最棒的增长团队　/ 123
　　　　找到能让你最大限度地发挥创业者性格的人

05　寻求共同创业者　/ 127
　　选择最适合你的合作伙伴

06　组建你的团队　/ 149
　　招募与你最具工作默契的员工

07　吸引最好的投资者　/ 159
　　找到与你的性格相匹配的支持者

第三部分　竭尽所能，成为最棒的创业者　／175
　　　提高影响力的策略

　　08　扩充技能库　／179
　　突破个性限制，实现自我成长

附录一　　／201
　　我们的方法：如何解开企业创业者的秘密

附录二　　／213
　　创业者典型类别各种创业者类型的性格模式参考

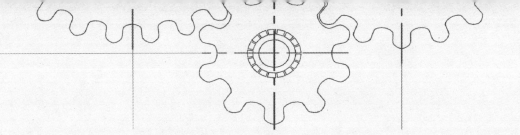

PART ONE

创造增长的创业者

驱动者、探索者、改革者、引领者
的性格有何不同？

在这部分中，我们将更深入地剖析四种创业者性格，重点讨论每一类型的独特强项及弱项。每章都会用来描述一种创业者性格以及它在五个动态发展要素下的表现。

在你阅读每章的深度描述及故事时，请留意你最符合哪种创业者的性格类型。前面做过的初步评估是否还正确？或者发现自己更符合另一种类型？也有可能不止一种类型与你相符。这种情况很正常——虽然大部分领导者及企业家主要表现出一种性格类型，但也会逐渐培养起与另一种类型匹配的能力。事实上，在接下来的章节中，我们会告诉你如何向所有的创业者性格学习，有意识地接受并练习实践他人的技能，找出并改进自己的弱点。

除了大量细节描述之外，第一部分还包括施展长处、规避短板、培养策略的具体建议，这些内容会帮助你成长为更强大的商业创业者。我们会在每章末尾将这些元素总结成清晰简短的形式。第一部分由以下四章组成：

01　驱动者

自信坚持，聚焦盈利

02　探索者

好奇冷静，关注体系

03　改革者

胆大心细，有使命感

04　引领者

务实直接，注重团队

01 驱动者——自信坚持，聚焦盈利

蒂特太太，如果你买这个用贝壳做的烟灰缸，就再也不用担心烟灰掉在地毯上了。

——罗塞塔创始人、驱动型创业者克里斯·库恩 7 岁时如是说

作为本书作者之一的克里斯想分享一个他自己的创业故事："1969 年，当时我 7 岁，曾经在尚普兰湖的岸边捡贝壳，把它们涂上颜色，在我们几代人过暑假的汤普森湖滨挨家挨户地当作烟灰缸卖。那时我就知道自己天生适合做营销。

"我走到蒂特太太家。她很爱抽烟，像个烟囱。我向她说明涂色贝壳的好处，告诉她再也不用担心烟灰掉到地毯上，并且贝壳看上去跟门廊很配。接着我去了科尔比太太的农舍。虽然她不抽烟，但她可能会买我的烟灰缸，因为她跟我外婆一起长大，人很好。我对她推销的策略有些不同。我巧妙地打出两家

人几代友好关系的友情牌，建议她买一个烟灰缸摆在门廊上，因为她招待的一些客人可能会吸烟。

"从那时起，我意识到自己有商业化的天赋，但有些人认为这是诅咒，觉得我是个只想着赚钱的怪兽，就像我爸曾经说的——'脑门上印着一个美元符号'。虽然只有 7 岁，但我不觉得自己是直觉使然。我能感觉到人们想要什么，我有把握和动力说服他们购买。

"20 年之后，我在强生工作，负责旗下的'芝麻街维他命'（Sesame Street Vitamins），发现传统的消费群体划分存在一些问题。一般的方法缺乏对人们性格的洞察，就像我当初对蒂特太太和科尔比太太那样。作为我的两个早期顾客，虽然她们年龄和背景相仿，但她们却出于不同的原因买了产品。

"1998 年的春天，我把烟灰缸销售技能搁在一旁，准备了一套幻灯片讲演材料，向百时美施贵宝和强生介绍更好、更易执行的消费群体划分方法，从而提高销售效率。对于每个客户，我们都需发现他所属的目标分层，他的潜在偏好也要与品牌保持一致。这个想法让市场营销团队根据每一类目标客户调整推销手法。之后，我们证明了这样做的价值，因为改进后的营销效率是之前的 3 倍。实验的结果跟我当年成功地一家家推销烟灰缸类似：与不考虑受众的统一销售相比，基于顾客性格的销售及推广明显更有效。

"在接下来的 13 年里，我和我的罗塞塔团队进一步改进了用于消费者分层的'性格聚类分析'（Personality-Based Clustering）方法，把它应用到建立电子商务网站、客户关系营销等各个主要的数字营销形式中。这套方法论为罗塞塔的规模化奠定了基础，在阳狮集团（Publicis Groupe）以历史性高价收购我们之前，我们已成长为世界上最大的私营数字营销公司。而在本书中，我和搭档也用了性格聚类分析法，来解读四种创业者性格类型。

"如果放在创业者性格的框架下，我明显是'驱动者'。很久之前，我就发现我想要抓住市场需求并挖掘它们的商业价值，以此肯定自己的能力。驱动者天生是创业者。这类人会凭借对市场的了解和直觉，主动寻找未被满足的需求，然后发力打造出色的解决方案，不管年龄大小。他们习惯依靠自信和直觉做决定。

"驱动者的管理策略偏重执行与强度，希望同事可以一样注重影响。在我看来，正是这样的风格才能在早期帮我吸引到许多很有天赋的团队成员，有了他们，我们才成就了罗塞塔的规模及成功。当然，我的领导风格在公司扩张到十几个办公室、两百多个员工后遇到了一些挑战。我被许多驱动者困住了，通过对一切的绝对控制定义自己的身份，错误地认为诱人的管理控制就是真正的管理。这也是一种驱动者倾向，在本章后续内容中我们将继续讨论。"

驱动者的行事风格："相信我，我知道客户需要什么！"

驱动者会自信且高效地推进动态发展要素。谈到解决方案，驱动者可以游刃有余地感知市场趋势，为产品找到消费者群体，即使有时消费者尚未产生具体需求。强烈的驱动力让驱动者聘到资深员工，锁定忠实客户，吸引能帮他们实现市场验证及影响的投资人。然而，随着不断的规模化，驱动者会通过紧紧

控制业务与用人的各个方面发挥领导力,他们因此也会陷入诸多挑战。接下来,我们会逐一分析驱动者在五大动态发展要素方面的表现。

解决方案要素:将想法转化为产品

本·维斯创立了新时代的饮料公司 Bai Brands,它的产品大获成功,畅销全国,赢得了众多忠实顾客。刚进入饮料行业的时候,维斯给歌帝梵巧克力(Godiva Chocolates)调制过一款咖啡饮品。随后他便意识到,咖啡和原材料咖啡豆是做出一款全新饮品的关键。他开始用咖啡果做实验——虽然人们一般会扔掉咖啡果,但维斯知道里面富含抗氧化剂。

维斯察觉到无糖饮料与含糖饮料的演变已催生了新的机会。他解释道:"千禧一代的消费者不想喝有卡路里的饮料,也不相信人工甜味剂。所以我偶然想出了 Bai 的配方,用天然甜味剂调味,比如只有 5 大卡的甜叶菊。'对身体好'与'味道好'的交叉点就是解决无糖的方法。我们颠覆了饮料业,轻而易举地重新定义了风味。"

对于驱动者,探索市场需求、挖掘匹配需求的产品模式是一种本能反应。霍华德·勒尔曼(Howard Lerman)就是一个驱动者,他创立了基于定位的知名营销公司 Yext。其服务确保超过 250 万家小型企业的地址、电话号码、营业时间准确地在所有主要搜索引擎上显示出来,帮助消费者根据线上搜索结果找到实体商铺的位置。当我们跟霍华德讨论其中的挑战时,他说:"我们很早就意识到,任何一家企业都需要在谷歌、雅虎和脸书上被恰当地展示出来。但类似的好点子到处都是。而我与其他人不同的是，当我有好想法的时候，会坚持下去，直到把它实现。我更看重行动，把想法转化为现实正是我擅长的。"

驱动者是直觉与强大专注力的独特结合。大部分人要么擅长逻辑思考，要么习惯依赖直觉，而驱动者兼具两种特质。他们聚焦于创造消费者价值，并以此盈利。他们不同意运气是创业成功的关键因素。在驱动者看来，成功产生于才能，人们需要感知市场需求、有的放矢地运用才能，通过谨慎的市场验证、反馈收集、风险预期及与生俱来的营销技巧，解决具体需求。驱动者的自信以及说服他人认同解决方案价值的能力可以理解为销售上所说的"我赢了，你买单"。

"如果让我来分析情况……把握问题……我就能看到整个市场潮流和流行趋势。"

我们在时尚业也观察到了人们对识别并利用匹配市场需求的产品抱有相同的热情。例如来自纽约的时尚设计师李美钟（Mi Jong Lee）通过零售店以及全国超过 65 家商店销售她的阿米尼（Emmelle）系列作品。强大的市场感知力是她能够成功的关键原因之一。

谈到如何专注地观察、研究、思考作为目标受众的 40~55 岁的职业女性的潜在需求及期待时，她说："我知道她们想要什么——剪裁、布料、美感。我可以帮女性穿得优雅得体，但并不是引人注目。她们看上去可以很有女性气质、干练独立，但不需要太性感。"

李美钟想要服务职业女性群体的原动力来自于直觉与事实的微妙平衡。如她所言："大部分时候还是凭直觉，但我也喜欢做分析。我总在分析事情。或许听上去有些奇怪，但我一直觉得，如果可以分析现状、感知问题、多多观察，我基本能看到市场发展的方向。"在经营、发展公司的历程中，对商业成功的强烈追求始终驱使着这种原生的平衡。她说："我一直认为，如果失去了这种基本直觉，我会变得迷茫，不知道为什么做这家公司。"

解决方案作为发展的动态要素之一，需要调用驱动者的关键天赋。驱动者享受建造的每一个环节：他们能生成灵感，感知市场如何发展，并激励自己充满信心地实现所思所想。其实，成功找到解决方案激发出来的能量会在接下来的发展阶段延续下去，至少早期会是如此。这种能量积极正面、不乏益处，但在某种情况下，也会导致团队成员之间的疏离，有时甚至会波及客户和投资人。

随着最初的产品创意进化成一系列产品或服务、发展成真正的平台以及分散各地的办公室和部门，驱动者会在各个阶段遭遇这种挑战。亲力亲为的习惯可能与追求规模的雄心相斥。驱动者必须赋权于他人，让他们在已有基础上继续建造、延伸最初的想法。这种做法不仅能贴合新兴且宽泛的用户需求及市场，而且能通过合作在一众追随者中激起更强的势能及影响力。换言之，如果驱动者能放开一些具体事务，他们将解锁远远超越其个人能力的创造力宝库。

团队要素：激发个人才能，积聚集体影响力

在公司发展的初期，洞悉市场与创造产品的能力也会使驱动者吸引到一些最优秀的人才，因为创造性对于公司的生存和最初增长至关重要。例如，霍华德·勒尔曼就十分幸运地在高中遇到了他的合伙人。

勒尔曼一直是"主谋"，很早就善于挖掘机会，鼓动并指挥朋友做事："刚起步的时候，小船上只有我们 3 个人。那时，肖恩·马克伊萨克（Sean MacIsaac）和汤姆·迪克森（Tom Dixon）会划船，而我会说'朝那个方向划，那边好像有什么东西'。"的确，他总能发现新机会。

从划船隐喻开始，勒尔曼和他的高中好友仅在大学毕业 3 年之后就创办并卖掉了他们的第一家公司 Intwine——一家专攻微软 NET 编程语言的咨询公司。Intwine 的销售额曾达到 500 万美元，最终以 700 万美元的身价卖给了媒体公司 Daltran Media。之后，勒尔曼三人组继续创办现在的公司——Yext。

虽然勒尔曼现在需要管理有近千名员工的公司，但他仍然可以用强大的市场感知力启发员工。正如他所说："我现在是一支无敌舰队的 CEO，中间有一艘巨型舰船，周围还有 28 只较小的船，复杂的零部件使它们紧紧连接。现在，我的工作重点是在中心掌舵，但当我们开发新产品时，我真的会跳回到那艘小船上。我们把这个环节叫作'跳上海盗船'。"

勒尔曼的例子说明，驱动者会在吸引、启发、指导追随者的过程中利用洞悉市场与创造产品的能力。与大企业的 CEO 不同，驱动者会雷厉风行地研发下一代产品。商业成就让驱动者了解市场、充满自信，他们因此也会不断吸引员工、客户和投资人的青睐。

驱动者非常善于聘到第一批资深的团队成员，用商业头脑激励他们。然而，真正的考验会出现在接下来规模化的若干阶段中，因为驱动者必须允许团队成

员发明创造。勒尔曼学着调整领导风格和角色，因而当他"跳回海盗船"、描绘下一个大创意时，团队能表示接受，甚至受到启发。

以技术为核心的一些行业允许这种由创业者或小团队赋能的创造力。但在职业服务业，这种方式并不奏效，因为客户服务团队必须对症下药，驱动者本人不能成为解决客户难题的唯一引擎。在类似行业，驱动者的招聘、培训与启迪的能力会遭遇严峻挑战。

"我觉得，个人成功意味着改变游戏规则。"

劳里·史宾格勒（Laurie Spengler）拥有一家职业服务公司，她是混合型的驱动者，结合革命者看重使命感的价值观与引领者的极高情商，独立地搭建团队。史宾格勒一手打造了"中欧咨询集团"（Central European Advisory Group），专注于帮助东欧、中欧的创业公司最大化地募集来自外部的增长资本，并最终将其卖给了她的管理团队。

史宾格勒显然符合驱动者的特质，"很久之前，我觉得个人成功就是成为中欧、东欧创业者常常能想到的顾问，帮他们填补市场的缺口，改变游戏规则"。但她也深谙搭建和带领团队的重要性，"做创业型创始人感觉不一样。你或许有很清晰的想法，觉得一切再清楚不过了。但流畅地跟其他人解释明白并且打造最佳的团队却是另外一回事"。

在第一次员工大会上，史宾格勒没有按照中欧的习俗进行一小时的演讲，现场的专家团队因此感到诧异。她每讲两分钟就会抛出一个问题，让每个人作答。结束之后，一名团队成员说："劳里，散会后每个人都觉得很不安。他们觉得创始人在全员大会上问问题很奇怪，怀疑你是不是也不知道答案。"

史宾格勒没有遵循当地的社会习俗以及驱动者的内在偏好。她清楚所有驱动者都必须思考的自我冲突，即如何巧妙地平衡言传身教与给他人机会、允许他们打磨能力的关系。她解释道："我没有对大家说'我是创始人，我想出来了这个特别棒的商业模式，我想让你们执行我的想法'。相反，我期待他们能勤思考、多挑战。如果在公司里都没有通过表达想法和公开辩论来解决问题，我们就不可能给客户提供有效建议。"

从这一点我们可以看出，史宾格勒的性格也具有引领者的一面，因为她知道，在招聘到正确的人之后，培养一个优秀团队最重要的一方面就是信任。正如她所言："我知道只有我以身作则，才能营造出充满信任、坦诚、智慧、理性且活跃的工作氛围。"

总之，驱动者需要注意史宾格勒强调的平衡。把创意变成产品的决心与天赋会吸引更多同路人，但驱动者必须适当克制亲力亲为的冲动，转而利用能实现规模的经营杠杆（operating leverage）。这样的杠杆不能靠教学，而是要放权并且让他人用他们自己的方式动手创造。

客户要素：把客户转化为合作伙伴

"把年度计划戴在脖子上：6058921 箱 Bai 饮料。"

本·维斯虔诚地望着一瓶 5 卡路里的 Bai 饮料，开始解释他如何从最重要的客户澎泉思蓝宝集团（Dr Pepper Snapple Group, DPSG）那里赢得令人羡慕的地位，"我的产品潜力无限。它让我充满信心，我每天都愿意为它争取更多客户"。这句话指的是维斯向经销商争取商店中更多货架空间，很明显，他最终做到了。维斯展现出极强的人格魅力以及对自我和产品的信心，就连价值60亿美元的上市企业的领袖、澎泉思蓝宝的CEO也把他当作宠儿。

事实上，维斯说服了这位CEO戴上一套刻有年度销售计划份额的标签牌。维斯是一个典型的驱动者，他创造了一款市场定位相当精准的产品，以至于一家大企业的CEO竟然能把他的年度销售预测戴在脖子上，确切地说是6058921箱Bai饮料。这个故事最神奇的部分是，尽管Bai饮料当时还卖不到经销商全年销售总量的2%，但产品的优势和创始人的魅力却吸引了客户和经销商的全力支持。

"我跟这个行业里的22家营销机构合作过，但没有一家像你们一样出色。"

对于一个驱动者来说，你和客户能达成的最佳成果就是消除公司与客户的界限，达成互利共赢。开普勒集团（Kepler Group）的创始人里克·格林伯格（Rick Greenberg）讲述了一件在这家快速发展的数字营销公司发生的事。格林伯格的团队与客户组织了为期两天的会议，计划下一年的营销策略。第一天结束时，格林伯格提出了一个问题："你们怎样分配不同媒体渠道的营销支出？"客户回答说他们通常会临时解决：每个人说出想法，偶尔争吵，然后仅凭借以往经验敲定一个方案。

格林伯格被这种状况吸引住了。当天晚上，他和他的团队婉拒了客户的晚餐邀约，通宵做出了一个基于更多现实经验、解决媒体渠道开销分配的模型。第二天早上，看完他们的成果之后，客户不禁感慨："我跟这个行业里的22

家营销机构合作过，但没有一家像你们一样出色。"格林伯格的做事方式部分出于对客户需求的专注以及想让客户满足的动机，主要还是源自驱动者立志为客户提供更好服务的决心。与其他驱动者一样，格林伯格利用匹配市场需求的产品研发技能，把客户转化成了合作伙伴。

像格林伯格一样，创立数字系统集成公司 Brulant 的雷恩·佩根（Len Pagon）也抱有相似的热情服务客户，努力赢得令人羡慕的地位，成为值得客户信赖的合作伙伴。雷恩的客户增长策略以跟 IBM 发展深度渠道关系为主，成为其 WebSphere 电子商务平台的最大独立实施者。这使雷恩陆续与几家财富 500 强企业建立客户关系，这些企业位于或靠近他的家乡克利夫兰，包括天河汽车集团（TRW）、礼来公司（Eli Lily）、英国石油公司（BP）和其他几家公司。

驱动者在公司创立的初期十分擅长管理客户。在杰弗里·摩尔的著作《跨越鸿沟》中，他把这部分客户称为"创新者"及"早期用户"。这个客户群体会先行于市场上的其他参与者，积极地找寻尚未得到广泛证实的解决方案。

但是，驱动者切忌把早期用户点燃的初期增长与规模化成功所需的普遍需求混为一谈。这一类型的创业者很容易陷入摩尔提出的鸿沟之中，意识不到之后形成的主流市场与初期市场有巨大差异，因为他们容易从理解产品精髓的早期用户中获得巨大的满足感。实际上，早期用户通常只占据 15% 的市场份额。如果想跨越鸿沟，驱动者必须吸引并联合早期及后期用户，毕竟后者在众多行业代表超过 65% 的市场份额。

投资人要素：集结资金及其他支持

本·维斯的激情和推销才能帮助他赢得了多位早期投资人，包括前新泽西州参议员及 NBA 球星比尔·布莱德利（Bill Bradley）和演员艾什顿·库彻（Ashton Kutcher）。

在向第一批支持者筹募资金时，维斯只在每人面前摆上一瓶 Bai 饮料，鼓励他们尝一口，然后开始介绍销量最高的零售店中的销售速度数据："我们的销量是诚实茶（Honest Tea）的 5 倍，销售率与维他命水（Vitamin Water）持平。另外，维他命水是以 35 亿美元的价格卖给可口可乐公司的。"这句话有一定的前瞻性，因为维斯在 2016 年年末以 17 亿美元的价格卖给了他的分销商客户 DPSG。

大部分投资人都很关注产品是否匹配市场需求，用创业者的行话说就是"狗吃的是不是狗粮"。这是一个驱动者眼中的基础问题，他们乐于展示对用户需求的深刻理解，善于说明产品或服务如何满足需求。他们会充分调动核心的商业化技能，抓住投资人的想象和信心。然而，正如来自洛克菲勒家族风投机构文洛克公司（Venrock）的资深投资人及合伙人鲍勃·克歇尔（Bob Kocher）所言，"与驱动者共事很难，因为他们十分坚定地认为自己是对的，有些人甚至拒绝接收新资讯、改变想法或听取团队的建议"。

对于企业中的驱动者来说，投资人要素代表一种比在初创公司更复杂的平衡。初创公司的驱动者必须吸引正确的投资人，如果驱动者已经在某一热门领域创下一番成绩，便可以在众多投资人中挑选。但是，大企业的驱动者却需要直接与公司已有的投资人接触。所以，他们必须学习如何平复焦躁，从而描述愿景、优先换取投资人的预算和投入。如果能做到这一点，企业中的驱动者就可以通过获得的预算和合作的同事逐渐释放巨大的影响。

企业里的驱动者大多较难适应典型企业环境中缓慢且复杂的人际关系。自带的驱动力和对自主的追求有可能会变成急躁和沮丧。如果你觉得这是一种熟悉的感觉，下一次离开之前可以先深呼吸，冷静一下。你可能正在抛弃许多驱动型创业者梦寐以求的重要资源，比如早期基金，筛选初期团队成员的优秀人才渠道，以及接触潜在客户及供应商的入口。

驱动者可以问问自己，如果与老板达成一致，在企业内创业并得到所在企业的资助，是否有助于实现想法及自我价值。事实上，包括宝洁（P&G）、耐克（Nike）、3M、通用电气（GE）、思科（Cisco）、微软（Microsoft）、壳牌（Shell）、沃尔玛（Walmart）在内的许多大公司都十分灵活地接纳内部创业，这样做对驱动者的目标及企业股东的利益大有裨益。

与企业中的其他同事不同的是，驱动者愿意承担更多个人及职业风险，这也可能成为他们的制胜王牌。换句话说，他们会选择承担公司的一部分风险换取比普通员工所得更丰厚的好处，形式可以是新公司的影子股票，与新公司业绩挂钩的大额奖金协议，投资方回购的附属计划或预先分配的股权。

如果所有尝试都没有成功，驱动者打算单独成立公司，可以借鉴以下两条建议。第一，保证离职后与企业无任何瓜葛，即没有利用原公司的资源、获取信息或其他有价值的资产来发展自己的创业想法；第二，尽量有策略地离开，因为很有可能原企业会以潜在客户或收购方的身份出现在谈判桌上。

规模要素：升级业务

从许多方面来看，对于驱动者难度最大的就是规模要素，因为在其他几个要素中驱动他们行为的因素这时候会发生冲突。驱动者痴迷于创造与市场需求极度匹配的产品，自己动手处理一切任务，并期待每个员工都像他们一样有能力、动力和激情。在扩大业务规模的阶段，这些倾向可能会与想要吸引的追随者有所矛盾。

驱动者倾向于招募与自己形象相似的追随者，即全力拼搏、充满信心、能够感知市场变化节奏的专家。然而随着业务的发展，驱动者不得不雇用更会执行具体指令的员工。某种程度上，追求大规模增长的单纯动力变成了变革的催化剂。然而在某些情况下，暴躁的驱动者或许会很恼火地发现追随者并不符合他设定的理想形象。让我们来看一个例子。

亚当·杰克逊（Adam Jackson）是一个典型的驱动者，他参与创办的远程医疗公司 Doctor On Demand 曾在 2015 年被高盛评选为"数字医疗前 50 强"之一。杰克逊在克利夫兰长大，年轻时便意识到自己比周围的人更有野心和动力。他在大学毕业后立刻搬到旧金山，自学编程；起初给其他创始人打工，一直到想出一个能颠覆医疗行业的想法：通过智能手机的视频功能看医生，应对例如流感、皮疹及泌尿感染等急性疾病。

2012 年，杰克逊联合人气电视谈话节目"菲尔博士"的主持人菲尔·麦克葛诺（Phil McGraw）和他的儿子成立了 Doctor On Demand。现在，诸多大企业受益于这家公司的服务，例如美联航空（American Airlines）、有线系统公司康卡斯特（Comcast Corporation）、家居建材公司家得宝（The Home Depot）。同时它也给包括联合健康保险公司（United Healthcare）在内的保险公司客户提供了许多好处。

杰克逊在描述自己的管理风格时说道："我依赖自己，对自己能亲力亲为、注重细节感到自豪。"一方面，驱动者可能是看重控制权的完美主义者，而另一方面，他们也会意识到如果想要达成渴望的规模及影响力，不能全靠自己。杰克逊解释了他解决这类冲突的方法："我从两个角度明白了这个道理。首先，能像科比·布莱恩特（Kobe Bryant）和迈克尔·乔丹（Michael Jordan）一样单枪匹马地创造了几十亿美元价值的人实在太少了。"

谈到另一个角度，他说："我因为这种控制欲遭到过批评。虽然很难受，但我还是尽量理解其中的意义……有时候，我必须要提醒自己；不过只要跨过心理障碍，就能找到更出色的人，让他们在比你擅长的领域发挥功能、发展业务。"

驱动者会以攻克市场、产品创意和客户的强力方式追求规模。然而，当为了公司运营需要雇用管理者时，他们可能会遇到一定阻碍。

马特·布伦伯格（Matt Blumberg）是 Return Path 的创始人，这家公司致力于为世界各地的客户提供安全有效的邮件营销服务。布伦伯格对此有亲身体会："公司发展的过程中，我们处理过许多有关经营的琐碎问题。我碰到的大部分负责这些任务的人都是彻头彻尾的混蛋，我们雇用的很多人都不能适应我们的工作环境，没能做出什么成绩。"

行动中的驱动者

曾经，我每天都会盯着公司里的每个人。

——史蒂夫·布雷特曼，SEBCO 洗衣系统公司

当史蒂夫·布雷特曼离开他长大的地方———一个破败的皇后街区时，他发誓未来一定要让全家人过上更好的生活。50 年前，19 岁时，布雷特曼就已经存够了 3 台投币式洗衣机的钱；而现在他拥有超过 4 万台洗衣机（每洗一次 4 美元，读者们可以算一算）。

驱动者会从有相似背景与经历的人中寻找勤奋肯干的追随者。布雷特曼说："我会找那些愿意投入尽可能多的时间和精力、努力生活的人。"他描述了培训员工的做法："我选择跟大家并肩共事，潜移默化地影响他们。慢慢地他们也会像我一样生活、呼吸。"

说到管理风格，布雷特曼说："20 年前，我每天都会盯着公司里的每个人。我每天可能要工作 18 小时，每周 6~7 天。"这就是驱动者燃烧自我的强度。

在没日没夜地工作时，布雷特曼也会思考扩建公司的方法。他解释道："你需要懂运营、财务、市场营销的人，跟他们统一战线，这样才能打造一家完整的公司。幸运的是，我自己就能做到这些。"

我们应该庆幸当别人在成长过程中分心时，我们一直保持专注。

——查理·考利，美信银行

查理·考利在职业生涯早期被互利金融（Beneficial

Finance）解雇后，急需证明自己的价值。1982 年，他的老板派他去邻近的巴尔的摩管理马里兰州国家银行的信用卡业务。在考利奋发努力、精益求精有时甚至专横强势的管理风格下，这个小业务部蜕变成上市的信用卡巨头——美信银行。

考利把信用卡运营部门向北迁至特拉华州，因为那里的利率法规更有益于发放信用卡的公司。从一家被遗弃的 A ＆ P 超市开始，考利就已经开始运用自己的驱动者才能了。那时，例如花旗银行、大通曼哈顿银行（Chase Manhattan Bank）等大银行以及例如美国运通（American Express）的非银行组织主宰着整个信用卡市场。作为乔治城大学的忠实校友，他萌生了信用卡与校友协会合作的想法，因为他觉得其他校友会愿意支持一张使母校受益的信用卡。

带着驱动者的商业头脑及意志力，考利迅速解决了两个问题：他改变了一件我们常备于钱包中的塑料物品，并为母校想到了一个可以持续募集投资基金的方法。身为一名驱动者，他创造出了联名信用卡，或许你的钱包或钱夹里也放着一张这样的信用卡。

考利坚信，客户永远是正确的，客户服务对于建立信任及忠诚度尤为重要。考利和他的团队很快证明了联名卡的可行性，并在获取新客户及维系老客户两个方面大力推广这种神奇的联名营销策略。

不到 10 年，考利的马里兰州银行分部比母公司所有资产的总和还要值钱。1991 年，美信银行作为一个独立实体正式上市；2006 年，美国银行（Bank of America）收购美信银行时，它已拥有 5000 万客户、3 万名员工及 1200 亿美元的贷款。

在我们看来，极其擅长运营的人较难在用户需求的支配性与运营效率的实践性中取得平衡。这些强硬的领导者通常选择效率，而不会深入研究用户及市场的微妙之处。因为驱动者自身擅长洞悉市场需求，所以找到能相互配合的运营人才自然显得十分不易。

假如你是一个驱动者，当你在扩大协助你的团队时，一定要克服冲动，不能只雇用与自己风格相同的人、牢牢控制公司的一切。在这种时刻，出色的驱动者懂得如何放权。你需要以具体技能为出发点去雇用人才，提供舞台让他们成长。如果你愿意为了实现规模而调整凡事都想自己去做的习惯，规模要素被调动起来之后，就能促进巨大的个人成长。

驱动者的天赋与不足

从上文中我们可以看出，驱动者有一种敏锐的商业直觉，主要来源于自信，甚至有可能来自想要向世人证明自己的决胜心。驱动者始终渴求这样的时刻——把对市场的感知与创造的火花结合起来，创造出下一个颠覆业界的创意。

数字营销公司 IgnitionOne 的 CEO 威尔·马吉洛夫（Will Margiloff）就具有这种典型的驱动者性格。他告诉我们："我不写代码，也不搞技术，但我能预见市场最终会向什么方向发展。我们发现，营销从业者面对的最大难题可能是如何将所有不同的技术结合在一起，我们也是率先为此想出云计算解决方案的人。"

驱动者的自信与专注会吸引有才华的追随者，后者的加入将逐渐扩充最初的团队。当驱动者渐入佳境、准备跨越杰弗里·摩尔提出的鸿沟时，他们的商业技能会帮他们赢得更多的客户及投资者。但请一定小心，驱动者得以走到这个节点的能力并不能让他们跨过鸿沟。他们有可能碰到一个超出想象的阻碍，而不能达到他们梦寐以求的规模。驱动者想要向世界证明自我的热情及愿望也有可能会赶走那些帮你扩大业务规模的人。

驱动者的天赋及不足可以总结为以下几点：

◎**敏锐的商业意识**：我们已经学习了本·维斯是如何利用"对你有益"与"味道好"的双重策略打造令人不可抗拒的新型饮料品牌 Bai Brands 的。相同的商业头脑也指引着霍华德·勒尔曼"跳回海盗船"上，塑造出他在 Yext 的下一个绝佳创意。劳里·史宾格勒也凭借相同的能力，在柏林墙倒塌之后，抓住了帮助创业者筹集投资、实现梦想的机会。

◎**将用户需求转化为相应产品或服务的创造性动力**：时装设计师李美钟运用这种创造力，服务于 40~55 岁的女性；亚当·杰克逊利用移动带宽的扩展和智能手机的广泛使用，通过视频聊天把医生直接带到患有流感等急性病症的患者身边。

◎**对实现创业成功的强烈热情**：这种不妥协的坚持出现在本·维斯与澎泉思蓝宝集团的 CEO 的谈判中，维斯最终确保在全美国的杂货铺货架上，他的 5 卡路里饮料都能摆在显眼的位置。同样的意志力与信念也让开普勒集团的里克·格林伯格相信自己能破解营销策略的模式，连夜为客户优化出他们的媒体策略。

◎**过度控制、严厉苛刻的团队管理倾向**：在创业及咨询的职业经历中，我们见过不少驱动者因为自身的完美主义和不够包容的性格，赶走了最初被他们的动力及眼界吸引而来的宝贵人才。举例来说，我们认识的一个前麦肯锡（McKinsey）咨询顾问创办了一家小型咨询公司。早些年间，这家公司曾与奥纬咨询（Oliver & Wyman）、奥迈咨询（Alvarez & Marsalls）齐名，然而如今，奥纬与奥迈的体量已是前者的 10 倍多。这个驱动者不擅长放权，他的控制欲扼杀了团队成员的独立性与创造性，阻止他们为公司的成功做出贡献，从而也阻碍了公司达到他原本期待的规模及影响。

◎**容易对产品过度陶醉**：驱动者把自我认知与产品关联起来之后，有可能会错过来自市场的微弱信号，而不能及时地调整产品。他们或许会沉迷于自己打造的产品或服务。这种弱点与初创公司中创新者的窘境相同，可能会导致一些驱动者成为昙花一现的奇迹。

◎**自不量力而伤害投资者及客户的倾向**：我们采访过的一名驱动者告诉我们："我会无所不用其极地以我认为对的条件，拿到我值得的投资。我曾经让许多砂山路（译者注：原名为 Sand Hill Road，即硅谷许多风投、创投公司所在地）的人滚蛋。"前期的市场涨势会让驱动者面对投资人时显得傲慢自大，估值预期也会因此远远超过真实的市场表现，驱动者甚至有可能得不到扩大规模所需的资金。同时，增长与规模化都要求驱动者扩大用户群，从包容性、创造性强的创新者及早期使用者到后期用户；在这个过程中，驱动者或许很难忍受那些没有想象力、对你不感兴趣的无聊问题执着不休的用户。

利用"强化与弱化"的策略，成为更强大的驱动者

在本章中，我们讲述了驱动者的专注及自信如何引领他们取得令人兴奋的商业成功。虽然这种激情可以催生早期发展，但它同样也会引出后期的种种挑战。所以，驱动者该如何应对以上这些优缺点呢？有些人选择发挥强项，也就是我们所说的"强化优势"，有些人则决定弱化不足或"下放权力以弥补自身缺点"，还有一些人选择双管齐下。无论采取何种做法，驱动者都可以参考以下五条建议，从今天开始变得更强大。

◎**转换角色，从产品创造者到市场观察员**：在公司发展的早期，驱动者能发现机会、构思创意，与团队一起打造产品，之后卖给早期客户。随着公司不断扩大规模，驱动者更应当扮演市场观察员的角色，运用自身能力，感知市场的发展方向。如果驱动者可以识别并说明未来的市场需求，聘用适当且训练有素的团队成员，就可以与团队一起参与创造过程。角色上的转换让驱动者拥有更大影响力，同时使团队成员树立责任感、对于公司在市场上的产出达成共识。

在此过程中，分享是必不可少的。但是我们知道大部分驱动者并不能轻松自然地分享所思所想。驱动者的分享技能很有可能取决于团队成员对微妙变化的市场要素及客户期望的关注程度，而这也要从仔细聆听客户做起。

驱动者可以带着几名有能力的新人在一旁观摩，跟他们讲讲提出具体问题的出发点、好奇某些议题及趋势的原因以及保持领先地位的方法。尝试与他们对话，而不是讲课；做好准备倾听他们的想法和直觉。请参与行业会议

的重要员工分享他们学到的、观察到的知识，让他们详细地分析这些所得能给公司的现行策略带来什么影响。员工都是你的队友，不是你的敌人。

◎**不要对核心团队成员的激情及热情抱有过高期待**：虽然驱动者被同样充满热情的人围绕时会自鸣得意，但这些人不一定会帮助推动公司的规模化。更重要的是聘请在具体领域有所建树的职能专家，给他们足够的空间施展才能。他们擅长的领域或许不符合驱动者的兴趣，例如财务、运营及人才管理，所以他们需要更好地理解市场策略，并且将策略与本身的职能相结合。同时，驱动者必须给予他们足够的自主权，让他们对自己的工作内容与方式负责。

当我们跟马特·布伦伯格聊天时，他认为自己是一个驱动者，正如"创业者性格测试工具"显示的那样，但他也注意到自己具备一些引领者的倾向。对于那些渴望提升自我的驱动者而言，布伦伯格的自我观察以及创业历程值得借鉴。他对我们说："16年前，我并不完全知道怎么通过放权创造一种相互学习型的文化，但在创业的过程中，我明白该怎么做了。这样做可以让我释放其他人的能量。"如今，在招聘人才的时候，布伦伯格更在意公司与团队的文化契合程度，而不是复制自己。

◎**不要放大产品带来的自我陶醉，盲目相信自己的创新能力**：产品能使驱动者引以为傲是件好事，但需要注意的是，它的生命周期很可能不及驱动者的美好预期。本·维斯对支持他的人说："我有一个很忠心的团队，假如切开他们的血管，流出来的会是苏门答腊火龙果味的Bai饮料。"虽然这句话听上去比较自大，但维斯继续说道："我始终觉得下一款类似Bai的饮料正在研制中。其实，我们只是在带领行业，做出改变。"如果驱动者真的可以破解市场的密码，其他人会很快迎头赶上，甚至在不经意间超越驱动者。所以，驱动者需要保持势头，不要让这种情况发生。

驱动者获得的早期成功来自他们的商业头脑，为了保证产品可以继续满足消费者的期待、应对竞争激烈的现实环境，他们必须开始依赖团队成员不断改进、迭代产品内容。

投资、交易、金融咨询界的创新者丹·拉朱（Dan Raju）是金融科技公司 Tradier 的联合创始人。公司成立之初，拉朱聘请了一名专家作为公司的首席技术官，而该专家对于 Tradier 的核心业务模式表示怀疑。这名首席技术官的团队试图推翻创始人的理论——根据他们的推断，如果他们的疑问可以被解决，那么或许公司的业务模式可以成功。在经历了这种泼冷水般的考验之后，Tradier 已经成长为一家蓬勃发展的企业，为股票交易员简化了交易流程。

◎承认自己不是万能的销售专家：驱动者一般都有出色的口才和销售技巧，跟客户互动的时候有时会使用"我赢了，你买单"的强硬手法。但随着市场日渐成熟、销售流程趋于完善，驱动者面对的对象不再是思维相似的早期客户。销售周期拉长，甚至越来越烦琐。驱动者可能因此感到恼怒，以致忽视一些需要灵感及决策的机会。在这个发展阶段，驱动者可以考虑派团队成员完成销售。如果驱动者很好地聘用并培养了团队成员，销售团队会比驱动者亲自上阵做得更好，而驱动者也可以有更多时间探索下一个机会点。

几年前，约翰（本书作者之一）就从一段创业经历中领悟了这个道理。当时，他与另一位联合创始人创办了一家全国性的医疗报纸，资深行业专家与医疗服务提供商迅速成了报纸的忠实读者，并说服几家大型公司直接成为特许广告商，约翰便自然地以为这种方法适用于下一级的潜在客户。然而，广告代理机构却严格管控着大量的广告预算，他们并不愿意推荐新的广告渠道。大部分年轻人都不能真正理解重塑医疗行业的复杂变化。

所以，约翰一次次地与这些把守预算的人开会沟通接下来的前景，试图影响、教育并说服他们，使他们明白这份出版物之于客户的意义，然而在广告购买方面却没有太多展示的内容。会议结束后，约翰感到十分恼火。反思之后，他认为自己对产品的信心给很多人留下了傲慢的印象。于是他选择后退，撤回作为创始人的自负情绪，让销售团队全面接手，最终取得了优异的业绩。这段经历告诉我们：驱动者有时需要让团队中的其他玩家上场，站在他人的肩膀上才能赢取成功。

◎**当心自傲自大导致的估值差距：**在创业历程中，所有公司都会碰到难关。创业者需要与正确的投资人达成共识，让他们因所承担的风险和帮你实现的价值而获得有吸引力的回报。

我们采访的几位驱动者（出于明显的原因，他们选择匿名）承认，在与投资人讨论估值时不免夸夸其谈，不知不觉地陷入困境。其中一位创业者说："我们刚完成了一轮融资，现在需要扩大业务，把多出来的估值补上。"在这种情况下，创业者则需要一轮较为平稳或保守的融资以延长跑道。所以，驱动者需要试着抵挡诱惑，不要拿走超过应得份额的筹码，给投资人留下足够的空间，让他们有机会得到与风险匹配的回报。请记住：泡沫的本质是空气，在追求增长的过程中，要用扎实的成绩与实际的前景支撑每个阶段的估值。

　　以上方法建议驱动者提升优势、弱化劣势，从而变得更加强大。第八章中，我们会鼓励读者跳过这些基本方法，尝试把自己放在更陡峭的增长轨道上。我们称之为"建造大师策略"，即结合另一种创业者类型的优势，融会贯通，形成自己的技能。

驱动者蓝图

性格档案

组成因素	详细描述
动机	创业型人格，容易被创意点燃，对商业化充满热情，自信满满。
决策	起初依靠直觉，之后寻求数据及其他外部参考以评测、改善决定。
管理策略	事必躬亲，善于指挥，失败容忍度较低甚至为零。
领导力风格	重结果及产出，常吸引并激励思维相似的完美主义者，然而和没有相同紧迫感或不以目标为导向的人难以共事。

天赋（优势）

• 先于竞争对手，能综合利用主观直觉及客观分析预测市场趋势

• 有韧性和野心，目标清晰，专注投入

不足（劣势）

• 容易高估产品的价值而错过市场的变化

• 面对非目标用户缺乏耐心

• 公司扩大规模时，不擅长轻松放权

增长策略

增长要素：驱动者的优点与缺点

解决方案：将想法转化成产品

　　+市场感知力

　　+与市场需求匹配的产品创造力

　　-对产品的自我陶醉

团队：汇聚个人才能，释放集体影响力

　　+吸引业界专家

　　-控制欲过强，包容力不足

　　-与动力不足、市场感知力差的团队成员难以并肩合作

用户：将客户发展成合作伙伴

　　+高质量的解决方案

　　+对解决用户难题的热情及动力

　　-对非创新型用户耐心不足

投资人：联结投资及其他支持者

　　+与市场需求匹配度高的产品创造力

　　+擅长吸引早期用户

　　-对公司估值过高，盲目自大

规模化：提升业务规模

　　+对取得成功的极强动力

　　-很难放权给其他团队成员

如何成为更强大的创业者？

　　•转换角色，从产品创造者到市场观察员

　　•不要对核心团队成员的激情及热情抱有过高期待

　　•不要放大产品带来的自我陶醉，盲目相信自己的创新能力

　　•承认自己不是万能的销售专家

　　•当心自傲自大导致的估值差距

02　探索者——好奇冷静，关注体系

他们诧异地看着我，因为从来没有人用这样的方法分析过问题。

——布莱恩·奥凯利（Brian O'Kelly），探索者，AppNexus

"太烂了，我一点也不喜欢它！简直不敢相信我居然花钱雇了你！"在奥凯利花了6周的时间辛苦地搭建完一个广告服务平台之后，他的老板竟然用这样的言语攻击他。

若是驱动者碰到同样的状况，他们或许会回到办公桌，打包走人，但探索者更有可能以提问的方式回应，就像奥凯利所做的："好的，所以能不能再跟我讲一次，你想解决的问题是什么？"奥凯利更想深入调查待解决难题的复杂程度。

奥凯利之后了解到，公司的首席执行官想要打造一个横幅广告投放的平台，同时试图解决两个问题：一是如何优化横幅广告的价格，因为不同的广告商会

从不同角度评估它的价值，比如每千个受众中有多少人点击，点击成本或者获客成本是多少；二是如何保护平台不被出价方的价格操控影响。

这种复杂问题会吸引探索者，如同巧克力圣代冰淇淋吸引爱吃甜食的孩子。问题的本质是多面性的，试图解决的人需要掌握诸多领域的动态体系。如果问题得以解决，将有可能改变整个行业格局。

一家名为双击（DoubleClick）的公司开发了现有的广告解决方案，并实现了商业化。它依赖强大的计算能力，进行极其复杂的计算，从而给每个横幅广告定价。奥凯利却对这个问题有不同的看法。大学时，他学习了分布式服务器网络大幅提升计算能力的方法，在计量经济学的课程中，他发现了拍卖具有强大的定价能力。

他将以上两种间接结合起来，制作出了一个全新系统的原型。之后，他和创始人在与一个以色列的创业团队见面时展示了这个创意：“他们想用技术手段解决一个很难的广告网络问题。我的做法是把业务问题转换成如何实现动态定价的问题。他们诧异地看着我，因为从来没有人用这样的方法分析过问题。所有工程师都开始嘟嘟囔囔，因为他们没想到这一点；所有生意人也开始叽叽喳喳，因为他们觉得这个想法很棒。”

布莱恩·奥凯利是个典型的探索者。对现有运行体系的深度好奇心激发出他的建造动力。他会坚持不懈地研究一个难题，直到彻底攻克为止。他的决策风格是线性的，以理性与事实为基础；他相信解决问题的最佳方式是将其细分成若干组成部分。

奥凯利继续运用相同的技能，成立并扩大自己的公司 AppNexus。后来，这家公司已成长为世界上最大的广告投放公司。如果你也是像奥凯利这样的探索者，你的管理方式也会体现你的性格特征：对于公司中最重要的领域，你通常会亲力亲为。探索者会通过吸引并鼓励那些跟他们一样有好奇心、有条理、有分析能力的人来发展整家公司。

探索者的行事风格："现行体系是什么？"

探索者的创业者性格标签以好奇心和自信心的双重驱动为基础，这促使他们寻找并制定更好的解决方法，从而解决具有商业价值的难题。他们始终将详细的系统化思维应用于业务的各个部分。他们不一定立志成为出色的创业者，但会一直寻找下一个需要破解的谜题。

在大部分情况下，尤其在规模化的前几个阶段中，将系统思维运用于发展各个增长要素可以取得成效。探索者基于事实的直线处理技巧适合于发布新产品、获得早期用户、吸引第一批投资人。然而，随着业务不断扩大规模，与驱动者一样，探索者必须克服亲自做一切的冲动，忘记脑海中出现的声音——"我自己做可能会更好"。事实上，探索者比驱动者更有控制欲。接下来，我们来剖析一下探索者性格在五大增长要素上的具体表现。

解决方案要素：将创意转化为产品

让探索者感兴趣的是解决问题、产生影响，并不仅仅是为了满足智力上的需要而盲目探索、徒劳无功。因此，探索者知道在给潜在客户做出一款成品之

前，不断打磨、迭代产品十分重要。

◎ "一定会有更好的解决方法！"

探索者具有敏锐的观察力，擅长捕捉体系和流程的特征，而不是人。他们沉迷于挖掘运作方式的原理，常常思考是否有更好的方法来达到预期的结果。

比如，如果可以在网上找到世界上所有颜色，下载并印在腮红或口红的底部，为什么还要花一大笔钱寻找化妆品色号呢？这就是专门研究化妆品的 3D 打印公司 Mink 的创始人格蕾丝·崔提出的问题。或者像内衣品牌 Spanx 的创始人莎拉·布莱克利提出的：为什么连裤袜和塑形裤都是这样的？会不会有更好的样式？这些问题激励她改进了传统的塑身内衣，用更舒适的材料扩大了塑形范围。莎拉说："这让我找到了方向，帮助女性就是我的目标。"

最初，探索者会被一个问题吸引，最好是值得他们倾注时间与才华的棘手难题。这种情况通常会偶然发生，正如在麻省理工学院工作时，汤姆·莱顿（Tom Leighton）与万维网的发明者蒂姆·博纳斯 – 李（Tim Berners-Lee）相邻，某天博纳斯 – 李对莱顿说，他相信通信拥堵与高流量可能会极大地限制网络本身的潜力与发展。

这段闲聊吸引了莱顿和他的研究生助理丹尼·列文（Danny Lewin），他们想知道如何解决这个难度极大的问题。凭借精湛的算法和能顶住早期用户质疑的出色团队，他们创立并迅速发展了一家名为阿卡迈（Akamai）的公司。现在，它已成长为一家市值 20 亿美元的国际企业，在幕后为世界大部分网站提供流量数据服务。

虽然大部分探索者不是麻省理工学院的教授，但他们都具有无限的好奇心与解决问题的韧性。在信念的鼓舞下，他们选择创业，探索问题的最优解。

探索者喜欢刨根问底，他们会从不同的角度和视角看待一切，无论是自上而下的"上帝视角"还是自下而上的微观角度。探索者常常比传统行业的竞争对手多想四五步，把他们甩在身后。

"他们提出了这个高端的理念，而我在想'我该如何让它成真？'"

与布莱恩·奥凯利一样，Dstillery 的创始人汤姆·菲利普斯（Tom Phillips）也是来自广告技术行业的探索者。在菲利普斯的经历中，公司创始人相信为以点击成本为基础的广告付费是错误的，这个指标不能衡量广告的价值。菲利普斯认为，互联网广告影响需要用广告效果作为测量指标，即广告是否有效建立了一个品牌的声誉。

菲利普斯在公司成立初期就加入了这个团队，当时，创始人已经对消费者关系营销形成一定的核心理念。他们相信，如果可以判断某一品牌吸引的是哪个消费者群体，就可以利用社交营销平台（例如 Pinterest、Tumblr 等）上的用户关系，识别类似的消费者。这种做法可以让他们推出更有吸引力的数字化广告，以提升品牌认知、相关性及声誉。在解释自己为什么愿意担任公司 CEO 时，菲利普斯说："他们提出了这个高端的理念，而我在想'我该如何让它成真？'"

菲利普斯是典型的探索者。他被一个复杂的体系和潜在的商业机会吸引，并且问自己如何实现这一愿景。

吸引菲利普斯的第二个问题是数字化互动如何制造品牌价值。他说："尽管衡量效果的指标是错的，但广告平台产生转化行为的说法仍然能吸引许多营销从业者的注意力。点击横幅广告与建立品牌是两回事，就好像公鸡因为太阳升起来就被人们表扬一样。"

菲利普斯继续说："以点击成本卖广告的公司是销售驱动型的。他们的技术不错，手法方便快捷，但价值有限。得到好评不难，建立品牌才难。"在探索者看来，将想法转换为解决方案包含两个关键要素：符合预期的实用性以及可衡量的价值。

对于成熟企业中的探索者来说，在目标丰富、难题众多的环境里工作是一个优势，因为他们可以自如地运用系统思维及分析技能。确保探索领域与企业战略中心一致，是探索者成功建造新业务或持续制造影响力的关键。

一些最成功的企业型探索者践行我们所说的"前灯策略"（headlights strategy），投身解决公司战略视野范围内的已知问题，即公司已经识别出来的重要难题。这就是诺伯特·贝尔塔的经历，本章会讲述他解救强生泰诺（J & J Tylenol）品牌的故事。至少，探索者可以建立与高管之间的密切"信任感"，在探索可能性、解决难题、商业化及规模化的实践中，他们能以此置换资金或人才。

一部分企业型探索者更喜欢默默研究，直到他们认可自己的产出，才会与众人分享优雅且高效的方案。如果你是这样的探索者，可以把它想象成在家里车库或业余时间从事的"臭鼬工厂"[①]。

在探索者经历过几次"提问—实验—解决"的循环之后，他们的自信心开始膨胀，或许在同事眼中，探索者因为自己的智识倍感优越。探索者也许自认为可以分解任何难题，逐个找到解决方法。这种信念通常会让他们仅仅享受解决问题本身，从而提出最佳创意。然而，这种我行我素的作风会引发各种级别的管理及领导效力问题。

团队要素：激发个人才能，积聚集体影响力

驱动者凭借自信与对目标的不懈追求吸引追随者，但探索者一般会吸引和他们一样对事物有着深深好奇心的人。但是，随着业务扩大、内容变得越来越复杂，团队有时更需要技术成员，而不是思想家。

谈到成立初期的 AppNexus，布莱恩·奥凯利说："我虽然完全不了解财务，但会看书、拆解损益表，掌握里面的门道。除了这么做，我想不出其他的方法。"我们问他为何要如此详细地了解公司的财务状况，他说："并不是因为钱。事实上我不在乎钱，这不是我的兴趣，但我对背后的运行机制还是很感兴趣的。"换言之，探索者追求更深层的系统运行机理，进而控制它们。

那么控制狂如何招募、培养并最终激励他人成为团队成员呢？答案就是从志同道合的人开始发展，例如奥凯利在 Right Media 公司时第一次破解了广告

---

① 来源于二战期间美国加州某秘密研制军用武器及产品的军工项目。现多指注重人性化与扁平化，坚持效率为王的先进管理模式。

技术的核心奥秘，便从中吸引了第一批追随者加入 AppNexus。

奥凯利的口才体现在他与前公司签订的离职协议中。当时，他有权以不遵守竞业禁止协议的方式带走一个人才。奥凯利选择了首席技术官，然而因为他工作满一年，在提出离职时，Right Media 提出了更慷慨的薪酬方案。奥凯利的新公司拿出更诱人的薪资，解决了这个问题。一年后，就业限制条款到期，奥凯利的其他得意门生也纷纷加入他的团队。

奥凯利和他的探索者好奇心为什么能吸引前公司员工，追随他加入下一段冒险？正是他立志解决的下一个难题以及此前累积的相似经验为他聚集了众多追随者。

于探索者而言，在规模化的过程中，吸引早期团队成员的根本原因可能会演变成挑战。在跟 AppNexus 的员工交谈后，一位组织管理咨询顾问对奥凯利说："公司的前 100 名员工觉得自己是一个精英团队，但剩下的 300 个人却觉得自己不被重视。"奥凯利的联合创始人听到这个分析后，急忙为前 100 名员工辩护，声称他们的忠心和情谊正是他所需要的。但是，拥有系统思维能力的奥凯利立即改变管理风格，修正公司偏爱前 100 名员工的认知，可这种意见分歧最终也导致奥凯利与这位联合创始人分道扬镳。

这是传统探索者的典型做法。他们吸引志同道合的追随者，极其依赖他们欣赏的群体，直到这种做法阻碍规模化的速度。然后他们会激活系统思维，从新成员的视角看待问题，任人唯贤，唯才是举，认可并奖励他们的贡献及影响。有些人认为，这种做法好比冷酷的机械师，视人才如车轮上的齿轮一般；但我们却相信，这是从产品、流程、团队三个角度，直面问题、掌握机理的策略。

　　汤姆·菲利普斯组建团队并衡量绩效的方法也值得借鉴。他利用业绩指标及透明沟通，不断给团队成员提供反馈。比如，每个员工每个季度都需要接受评估及考核。菲利普斯把这种评测机制叫作"修整工具"，评分区间为0~100，十分优秀的表现还可以获得超过100的分数。菲利普斯说："我们对自己、对彼此都很诚实。如果没达到100分，90分的话还值得改进，80分就只能离开。"

实践中的探索者

1999 年，我尝试从一片残骸中拯救科技行业。
——德里克·利多（Derek Lidow），市场咨询公司 iSuppli

　　德里克·利多在祖父创立的公司以 CEO 的身份完成了一段成功的职业经历之后，列出了五个令他感兴趣的问题。如果他能针对其中任何一个问题想出可商业化的解决方案，那么他就可以创立自己的公司。虽然他本人是一个探索者，但他也有一些驱动者的性格特征，换句话说，他十分愿意证明自己不仅擅长管理公司，更可以像祖父一样创立公司。

　　当利多提出他想解决电子零件供应链的低效问题时，许多人很快看到了这件事的潜力。因为他在硅片设计及制造业已经成为很有思想的领导者及问题解决专家，所以他能毫不费力地吸引人才，参与解决这一难题。

　　随着专家陆续加入团队、快速发展的行业也需要更好的渠道供应电子零件，利多告诉我们："iSuppli 有许多突出的竞争优势：我在科技圈的良好声誉、我对现有行业机会的理解以及我推动业务发展的融资能力。"然而，这些优势基本不会凭空同时出现。相反，它们恰恰证明了探索者本人具有系统解决问题的能力以及可以更好地解决问题的信心。

　　公司最大客户的电话刺激了 iSuppli。利多还记得客户的终极需求："把你们有的全拿出来，下个月我要 100 万件钽电容器！如果你们没法提供这么多，影响我们在全球发布产品，那你们就要承担责任！"利多开始系统思考，冷静分析，组建团队，拆解需求。他派全球各地的员工采购零件，并准时送达到客户的工厂。这简直是一个奇迹，只有极具天赋的探险家才能做到。

　　对于 iSuppli 来说，这种排除万难后取得的成就有强大的催化作用。它聚集了一群专家，组建成一支团队，追随利多，攻克别人无法想象的难题。

"我们有竞争对手没有的优势，那就是超级能干的员工。"

汽车电商 Dealer.com 的创始人马克·邦菲格利（Mark Bonfigli）也是一名探索者。他运用相同的系统思维，他在人才招聘及文化建设上坚持以人为主，把公司发展成有 1000 名员工的团队，最终以超过 10 亿美元的价格卖给了另一家汽车电商公司 DealerTrack。公司创立初期，邦菲格利和联合创始人十分卖力，以至于身体状况十分糟糕。邦菲格利高中时是学校的网球明星，创业后体重涨了 50 多磅；一位联合创始人得了克罗恩病 [①]，还有一位不得不切除胆囊。

邦菲格利选择认真处理这个问题。他提出了一个企业健康计划，在公司内部开设了一个面积为 20000 平方英尺（约 1800 平方米）的健身区，包括室内网球场、健身教练，甚至还能提供现场按摩。他意识到，如果不能让公司的文化在思想、身体及精神上取得平衡，那么他和团队便无法实现改变数字化汽车营销行业的伟大目标。

很快，关注员工身心健康的公司文化吸引了许多能力出众的人才。之后，邦菲格利意识到，积极热情的营销和客服团队可能是他在行业中的制胜法宝。他解释道："我们的确有些特别的创新之举，但事实上，竞争对手的解决方案也很强大。但我们有一个他们不具备的优势，那就是开心热情、积极进取的员工，他们会微笑着在电话一端，认真地与客户沟通。"起初，邦菲格利只是想找到系统的方法保证员工健康，但没想到之后这却变成了公司的竞争优势。

---

① 一种慢性肠道炎症。

探索者能像磁铁一样吸引志同道合、愿意解决问题的人才。在沟通协调、表达对团队的期望时，他们清晰明确，甚至直言不讳。在业务增长的过程中，探索者应当保持系统思维，将其应用在人才管理中，寻找像邦菲格利那样的机会，将员工利益转化为竞争优势。毕竟从长远角度来看，员工才是形成差异的关键。

客户要素：把客户转化为合作伙伴

探索者关注问题本身，他们与客户密切合作，加深对问题、环境、潜在使用场景的认识。之后，他们会以近乎虔诚的热情，研究更高级的解决方法。事实上，探索者也许相信，专注于解决用户难题会淡化销售及营销的必要性；或者说，探索者或许对销售怀有一丝轻视，认为好产品自会受到市场认可，不需要额外的推销。一位探索者解释称："我们不在乎怎么卖或推产品。我们只在意如何改良，好产品自然会卖得出去。"

如果你是一个探索者，你会运用创新能力，以更新、更高级的方法解决客户最棘手的问题，从而吸引杰弗里·摩尔所说的早期使用者。这类用户能看到新方法的潜力。当知道有人在为他们着想、以新颖且周到的方式解决问题时，这些用户会备感欣慰。

探索者的一个关键问题是，他们是否有足够的耐心等待市场上比较滞后的客户，而不是把好奇心投向市场中的新挑战。如果耐心不足，他们是否能

放权给团队中更有耐心的成员，从而让公司有可能从早期的突破中收获真正的回报？

另一方面，从人才的角度看待系统的探索者可以通过不同的方式吸引客户。邦菲格利和联合创始人为 Dealer.com 开创了一种更具情怀的客户运营模式，尝试消解公司与客户之间的界限——这是每个初创公司发展壮大时的目标。

"当我们看到你们办的万圣节派对时，CEO 就百分之百确定我们能有很愉快的合作。"

10 月下旬的某天，Dealer.com 的管理团队给国内最大的汽车经销商之一做业务展示。在紧张的会议中，邦菲格利的同事从会议室的窗户向外瞥了一眼，刚好看到楼下一片骚动，他的心瞬间少跳一拍。他忘了当时公司正在进行一年一度的万圣节派对，每个人都盛装打扮，一些员工的装扮十分怪异。他看了看邦菲格利，引起他的注意，并且用手在喉咙上打了个手势——"我们完蛋了"！邦菲格利和联合创始人十分沮丧地想："今天早上刚从夏洛特飞到伯灵顿的管理团队如果知道这两个从佛蒙特州来的家伙允许公司有这种玩闹的活动，绝对不可能认真考虑我们的业务。"

邦菲格利觉得尽管业务展示还没开始，他们就已经失去了机会。开会时的某一刻，楼下的噪声非常大，以至于来访的管理团队都走到窗户前，看了看底下穿着奇装异服、玩得很兴奋的员工。邦菲格利和他的团队觉得很慌乱、尴尬，他们试图结束会议，把客人送去机场。邦菲格利说："大约 3 小时之后，我接到了首席营销官的电话，她说，'我们刚刚落地，你们给我们留下了很深的印象。我们想签合同，虽然不是完全确定会上讨论的内容，但看到你们的万圣节派对的时候，我们的 CEO 就百分百确定我们能有很愉快的合作'。"

对于探索者来说，系统思维可以让他们收获更多的客户，即使原因在于公司文化、员工士气及健康状况，而不仅仅是聪明的算法。邦菲格利把他对人类动机的理解与汽车经销行业缺失的元素联系在了一起，于是保持真实、纯粹、有趣就是解答。这种策略让他打开了更深层、更持久的客户关系，激励他们成为真正的合作伙伴。

投资人要素：集结资金及其他支持

投资人愿意支持探索者的创业项目，因为这类创业者以工程思维创造产品，实现商业化。这种兼容性使探索者与投资人不谋而合，他们有共同语言以及相似的观点。欣赏探索者的投资人看重他们能系统地识别并解决具有经济价值的难题。许多投资人欣赏探索者的独创性，愿意把探索者的智慧与他们的资金结合起来，争取获得巨额回报。

当探索者期待投资人能跟他们一样投入到解决问题的过程中时，或许会出现分歧。一位探索者曾难过地跟我们说，他的投资人"提供了公司 20% 的资金，所以认为他们拥有我们。他们是我们最大的痛点。他们不在乎我们的解决方法，也不在乎我们是不是在休息，员工是不是开心。他们只在意自己的收益"。

探索者需要从智识上而非情感上与投资人达成共识。在探索者的努力下，投资人应当认可团队正在解决的问题，尊重团队为解决问题而研发的解决方案。探索者会像家长展示孩子照片那样自豪地介绍自己的产品与方案，满心期待得到表扬。如果投资人不能给予肯定，就会失去加深理解创业者、加强信任纽带的机会。

探索者可以与投资人有截然不同的动力。我们与布莱恩·奥凯利的讨论也提到了探索者偶尔对投资人产生的矛盾心理，他们有时难免觉得投资人并不在意解决方案本身。作为 AppNexus 的首席执行官，奥凯利在改善及扩展平台上投入大量精力，确保公司可以在瞬息万变的广告技术行业内持续创新。在激烈地与投资人讨论一个可能会影响自己薪酬的问题时，他直接说："我不知道自己赚多少钱，说实话，我根本不在乎。"

尽管创业者与投资人之间的主要合作来源明显是经济回报，但对于探索者来说，现实可能不会简单直接、如他们所愿。探索者必须清楚地告诉投资人，哪些非财务因素对他们至关重要，因为投资人很可能不知道这些因素发挥着重大作用，能推进深度合作与信任。所以，探索者要找一个和他们一样有兴趣系统地解决问题的投资伙伴，或许可以确定投资人是否也是探索者。第七章中，我们会继续深入介绍探索者与投资人的关系，你可以了解更多有关的知识。

对于企业型探索者来说，在公司内部找到资金支持是让愿景成真的关键。一些人会直接把项目推荐给掌握资金资源的人，而另一种更有效的方法称为"做私活策略"。它的意思是探索者躲在幕后，创造匹配市场需求的产品，论证产品的经济价值。如果探索者的上级或公司文化默许这种行为，这个策略会非常有效。如果公司文化与 3M 公司、戈尔（革命性材料 Gore-tex 及相关产品的知名制造商）或谷歌类似，探索者甚至会得到明确的许可，在公司内部至少某些条件下进行这些探索。

实践中的探索者

> 贝索斯对创新的重视激发出一种在其他公司不会出现的创新热情。
> ——克里斯·平克汉姆（Chris Pinkham），亚马逊云服务

克里斯·平克汉姆终于说服亚马逊高层派他回到家乡南非，迎接第一个孩子的出生，并且继续支持日后最终成为亚马逊云服务的项目。

在这之前，2003 年当他还在亚马逊西雅图办公室工作的时候，好奇心驱使他思考能不能建造"一种世界通用的基础设施服务"。他认为其中的根本难题是："如何在一个由多个数据中心支撑的传统模式中，打造并维系可靠、可规模化的基础设施，而这又需要多大成本。"作为一个探索者，他想知道是否能找到一个方法，为各行各业的客户基于需求连接分布式的服务器，提供不设限制的可扩展性服务。

于是在南非时，平克汉姆与一位有类似想法、名为本杰明·布莱克（Benjamin Black）的工程师组成团队，为他们的创意写了一份白皮书。对于企业型的探索者来说，这个方法极其有利于他们在大公司中获得资金支持。亚马逊 CEO 杰夫·贝索斯喜欢这个创意，同意进一步开发这个项目。

得到支持之后，平克汉姆首先招募了一个小型开发团队，鼓励他们研发 EC2——亚马逊云服务的基础技术。到 2005 年，

平克汉姆得到允许，开始吸引潜在客户。

　　当我们问平克汉姆（他自认为是"环境型"创业者，而非连续创业者）是什么原因使他探索 EC2 这项技术并实现商业化的，他告诉我们："贝索斯对创新的重视激发出一种在其他公司不会出现的创新热情。"

　　此外，距离也是一个好处。若干年之后，当时总管亚马逊技术基础设施的杰西·罗宾森（Jesse Robbins）说："如果他们没有离得这么远，亚马逊云服务不可能做成。我一想到脏兮兮的公共网络会碰到我的完美业务，就觉得可怕。"

　　截至 2016 年，EC2 支撑的亚马逊云服务已支持超过 100 万家公司，为亚马逊带来近 80 亿美元的年收入。

规模要素：升级服务

布莱恩·科斯特（Brian Coester）创立了一家名为 CoesterVMS 的公司，改进并简化住房抵押贷款所需的房屋估价报告。他告诉我们："技术不是唯一的要素，人也很重要。但仅仅有对的人也不行。只有技术、人和认知结合在一起，才能做成事情。"科斯特指的是他创立并扩大住房评估平台的制胜策略。事实上，平台的核心价值在于让住房估价师自己规范、简化估价流程，以此实现规模化。

和许多探索者一样，小时候，科斯特偶尔陪父亲为当地抵押贷款银行做房屋评估时，也遇到过这个问题。年幼的科斯特注意到，当父亲检查一幢出售的房子时，会在剪贴板夹着的许多页面上记下大量的笔记。在完成估价前，父亲会花几个小时研究类似的房子。

大学毕业后，科斯特开始思考计算机平台该如何简化并规模化房屋估价的业务。他意识到，传统房屋估价师的大脑里都储存了极其珍贵的知识，而这些知识也可以被保存在清单中。然后，他将这些信息的脉络整理出来，把它存储在数据库里。

通过对比每份房屋估价的数据与其他房屋的估价数据库，系统可以保证每个估价师录入的信息都在适合该街区状况的合理范围内。这种实时数据监测提高了准确性，减少了后续问题，优化了申请房屋抵押贷款的流程。

"每个人的关键作用都与怎么让公司变得更好相连。"

我们问科斯特如何扩大业务规模，他解释道，因为后续的电话咨询是服务中劳动最密集的部分，所以公司不得不及时关注如何解决用户问题："我们问

'用户打电话想知道什么？'然后把潜在的原因补充到平台上。每个人的核心功能与怎么让公司变得更好相连。"他自豪地告诉我们："我们客服中心之前有 20 个人，现在只需要 5 个人。"

在这家公司，每个人都是要解决问题的人，就算有时解决方法是用计算机替代人力，会有人因此失去工作机会。科斯特对"核心功能"一词的理解揭示了一些探索者的观点。员工在系统中扮演一个个齿轮，"功能"指的就是他们所做的贡献。相较之下，改革者和引领者的措辞会更加有人情味。

科斯特的例子说明，探索者喜欢琢磨系统如何运行，从而发现加速增长的新方式。探索者能敏锐地发现哪些问题可以系统地、成规模地捕捉并创造价值。

实践中的探索者

我觉得他们不可能再用那个牌子卖出去任何产品。或许能有一个广告天才觉得自己能解决这个问题，如果真有，我都愿意聘用这个化腐朽为神奇的人才。

——广告公司 Della Femina，Travisano & Partners 的创始人杰瑞·黛拉·费米娜（Jerry Della Femina）在提到强生泰诺事件时说道

1982 年 9 月 29 日，有人蓄意将氰化物注入泰诺胶囊，然后放回芝加哥地区几家药店的货架上，杀害了 7 个服用了有毒胶囊的病人。凶手拆开包含泰诺及扑热息痛药剂的胶质胶囊，灌入致命的化学粉末。

美国最值得信赖的品牌之一被凶手用作谋杀武器，很快这件事在全国引起了民众恐慌，许多人坚持强生应当退出市场。但诺伯特·贝尔塔却不这么认为。贝尔塔是一名匈牙利移民，在强生负责生产并推广泰诺的麦克尼尔消费者产品（McNeil Consumer Products）部门担任高级工程师。投毒事件发生数天之后，这个企业内的探索者开始思考是否可以把剂型改成防拆包装（或者用随后提出的名词来说即"药品保险包装"）。

在接下来的几个月里，贝尔塔在家中厨房用了不同的实验方法，试图把扑热息痛药剂压制成胶囊型药片。反复尝试后，囊

片诞生了。因为囊片比较坚固，所以不会像胶囊那样容易被破坏。

贝尔塔和泰诺营销团队迅速将囊片原型带给类似沃尔格林（Walgreens）和拉尔夫（Ralphs）超市这样的零售商，收集他们的建议，说明固体剂型更加安全，可以考虑恢复售卖。贝尔塔凭借他的可信度和以往业绩，迅速获得了高管对于生产泰诺囊片的支持。考虑到必须出产的囊片数量（不夸张地说需要生产几十亿个药片替换全国所有零售库存），研发挑战相当大。

1983 年，强生凭借有效的救市方案、强有力的零售支持、高管的资金赞助，重新推出泰诺胶囊剂囊片。强生注重消费者信任的企业责任感和贝尔塔作为企业型探索者的创新能力使泰诺依旧是美国医药市场的重要组成部分。

探索者的天赋与不足

本章中，我们了解了探索者如何运用他们的系统思维和强烈好奇心，发现并把握商业机会。探索者有一整套强大的天赋，知道怎么应用它们从而收获经济价值。但他们极度需要手握控制权，而这样做的副作用会妨碍规模化的历程。下面总结了探索者的各项天赋与不足：

◎**好奇心与系统思维**：探索者生来就有超出一般的好奇心，这会促使他们深入研究事物运转的方式。从上面的例子中，我们看到了布莱恩·奥凯利、德里克·利多和布莱恩·科斯特分别对互联网横幅广告、电子设备零部件供应链、房屋估价感兴趣。探索者系统地、好奇地开始实验，从问为什么到"我觉得有个好方法"，逐步累积创造并商业化的经验。

◎**实践与规模化的能力**：探索者另一个天赋是他们理解系统运行的能力，并且将这种理解转化为想法，让想法成真。汤姆·莱顿、汤姆·菲利普斯和格蕾丝·崔都利用了这一天赋，他们执着地实践自己的想法——优化互联网流量拥堵，在社交平台上通过好友关系打造品牌，创造可以打印的化妆品。探索者不会止步于了解事物的运行原理，他们会尝试做出改进，利用系统思维，为更好的解决方案实现规模化。

◎**吸引人才的能力**：很大程度上说，在被同样问题吸引的人群中，探索者容易成为民间英雄。探索者会用"会有更好的方法吗？"这一问题，像磁铁一样吸引大量有才华、思维相似、愿意思考的人。在本章开头，我们看到了克里斯·平克汉姆和马克·邦菲格利各自吸引人才，分别建造了亚马逊云服务和汽车经销业成长最快的数字营销平台。某种程度上，探索者对问题的阐释与一开始对解决方法的期待跟改革者相同，能释放类似的吸引力（详见第三章）。这种天赋使探索者招募到所需的追随者，陆续解决更大更复杂的问题。

◎**态度强硬专横**：探索者很有可能训斥员工，用自己的苛刻标准责怪员工没有完全掌握事物运行的原理或者快速将想法执行。虽然这些因素可以给探索者带来信心，但也有可能让身边的人感到窒息，逼迫他们变成探索者的意志力贯彻者，而不是能做出更多贡献的真正同事。

◎**对待员工过于苛刻**：事实上，大部分人既不具备探索者高速处理事务的大脑，也没有他们那样的热情。这两个因素不仅会吓到员工，还会疏远他们。在成立团队的初期，这种问题不太可能会出现，因为被吸引的团队成员、关注的问题或者美好愿景都能体现探索者的热情和思考风格。然而，当探索者开始扩大规模，开始招募财务、运营、销售、市场的专业人才时，他们与员工之间就可能出现裂缝。

◎**社交风格冷血死板**：探索者就是机器人。毫无疑问，他们的智识与解决问题的超群能力会惊艳到所有人。这其实是探索者的舒适区，是他们开始创业并赢得早期客户的原始力量。然而，为了发展业务、最终成为更好的创业者，探索者需要走出舒适区，在与创业团队成员互动时，要多多动脑，多多用心。

利用"强化与弱化"的策略，成为更强大的探索者

　　每个人实现自我提升的方法不同。有些人愿意训练或提升自己的长处，有些人愿意专注于改进已知的缺点，而还有一些人选择一种即兴运用的方式，根据情境或者个人动力，灵活地发挥优点，避免缺点。无论探索者采取哪种策略，以下六条建议都值得参考，从而提升效力。

　　尽早释放尽可能多的权力：探索者是制定解决方案的人，而不是运营专家。他们应该把公司日常管理的大部分任务交付其他人。然而，我们了解到，这句话说出来容易做起来难。因为探索者的核心性格是需要控制感。作为探索者，对所有事物必须亲力亲为的方式就展现了这种需求。许多探索者在跟人建立信任之前，需要对方对他们的领域形成深刻且结构性的了解。这一要求可能是一个相当高的门槛，达到标准之后，探索者才能放松控制，把财务、运营、销售等功能职权移交出去。

　　一些探索者通过指导与教学，完成了亲力亲为到放权的转变。如上文讨论到的，探索者天生擅长招募人才。事实上，他们可以通过表达思考方式来满足对控制的欲望，解决问题，将想法转化成系统的行动方案。许多被吸引而来的人才都会接受这种工作方式。所以，探索者要给员工必要的指导，让员工达到所需标准，放手赋权。当业务取得一定规模时，提高团队成员日常业务运营的能力，循序渐进地解决更大、更复杂的难题会给探索者带来更多回报。

　　专注研发更高级的下一代解决方案：在实行了上述建议后，探索者应该利用放权后得到的时间，为公司的解决方案升级，从而进一步激发解决问题的能力。这意味着将单一的解决方案转换成产品及服务线，将平台改造成不同地理区域的市场扩张规划。这种架构的解决方案从每一层级上说都符合探索者系统分析问题、解决问题的能力，也会扩大创业范围与影响。

这一步（即第一步）要求探索者能让其他人接触到内心深处的想法，了解探索者对行业未来发展方向的解读。探索者也需要聆听其他人的观点及见解。同样重要的是，他们也需要合伙人验证、推进这些想法。探索者必须抵抗本能，不要像独狼一样只靠自己解决问题。

随着业务规模扩大，各种不同量级和复杂程度的问题接踵而至，探索者需要同等智识水平的同伴献计献策，从而打磨自己的想法。如果探索者有效地组建了自己的董事会，他们就能从中找到这种同伴，此外也可以考虑在大学、咨询公司及其他行业思想领袖中寻找这类人才。

在软性管理中解读系统形态：显然，像机器或软件一样处理有一定规律的机械问题并不难。但只有做好软性管理，才能真正扩大并达成商业愿景。就像马克·邦菲格利那样，探索者可以运用系统思维吸引、衡量、持续培养实现规模化所需的人才。探索者应当这样来看，组织文化是最需要突破的密码，掌握之后才能使公司发挥最大潜能。

通力合作：在解决大大小小问题的过程中，如果探索者能够解释清楚会影响团队日常业绩的关键决策，他们会激发团队的责任感，更重要的是，与员工在他们负责的工作任务中建立更强的情感纽带。阿杰伊·戈亚尔（Ajay Goyal）经营着一家快速成长的支付公司，名为"预付王国"（Prepay

Nation）。戈亚尔是一个典型的探索者，他发现了一个可以利用手机话费的基础设施向全世界各地的家庭成员转账的方法。在描述自己如何提升团队绩效时，他说："只要员工明确各自的目标与目的，我们就允许他们在家办公。"

这种策略吸引了许多职业妇女成为他的团队成员，尽管在家办公，但她们依然勤奋专注。戈亚尔说："我们不采用高压战略。我们给大家自由，大家就会很感激、很努力地让公司变得更好。"然而，为了保证每个人能步调一致地高效协作，他现在让每个员工每周来办公室两次，参加集体讨论。"我们分享创意、问题，从节省成本到客户服务，寻找让公司更好的方法——我们释放了团队的创造力。"

赋予高管层更多权力：探索者可以考虑重用一名高效的首席人力资源官和一支直接管理的团队，缓冲自己与员工之间的紧张关系。例如，布莱恩·奥凯利就有一些直接向他汇报的员工完成这类任务；布莱恩·科斯特也有一个他称之为"办公室里的大家长"的爱将，这个人会把科斯特独特的风格转换成不那么吓人且更有效果的指令。

为了让这种赋权策略有效，探索者需要仔细筛选左膀右臂。理想情况下，他们不仅能认同探索者理性解决问题的能力，还能欣赏探索者的远见卓识。他们能弥补探索者的不足，更耐心巧妙地把探索者的所思所想传递给其他员工。

重视人性化管理：文洛克风投的合伙人布莱恩·罗伯茨（Bryan Roberts）曾帮助创建众多医疗行业的独角兽公司（即估值超过 10 亿美元的初创公司）。

他指出："当人们变得越来越成功、越有名望的时候，他们反而会缺乏自我认知，越来越笃定自己做的都是对的。"罗伯茨的观察对探索者来说尤为关键，因为他们疏远他人。根据我们的观察，戈亚尔让员工在情感上更加紧密的方法能产生一种更有分量的敬畏感，从而在日常工作中产生灵感。我们鼓励探索者仔细学习改革者是如何运用这一技巧的。情感上的互通会让探索者收获颇丰。

当了解了哪种创业者性格要素正在影响你的发展之后，你就可以制定出一套全新的策略，从而实现增长。我们鼓励读者完整阅读第一部分的所有章节，因为每章中都有各类案例及技巧帮助你成长为更优秀的创业者。第八章中，我们将引入大师级创业者的概念，指导你培养更高层次的建造技能及技巧。

探索者蓝图

性格档案

组成因素	详细描述
动机	对棘手的难题抱有好奇心，认为创业意味着为这些难题系统地制定可商业化和可规模化的解决方案。
决策	动力十足，条理清晰。相信每个难题都能被分解成若干组成部分，逐个分析之后，最佳决策就会出现。
管理策略	亲力亲为，擅长指挥。期待每个人都能像自己一样有条理、有好奇心。
领导力风格	倾向于吸引系统思考能力强的人，在他们表现出系统解决问题的能力及深度知识储备后，会对他们产生信心。认为其他人对关键领域的成功管理有助于释放自己的重担，从而把时间放在对公司发展更有价值的事情上。

天赋（优势）

• 系统思维及分析能力

• 重视持续发力，不断解决问题

• 擅长系统地扩大规模

不足（劣势）

• 不擅长扩大团队规模，尤其缺乏兴趣外的组织技能

• 有时唐突无礼，缺乏耐心，有可能损害团队士气

• 不善于解决策略性不强的问题

增长策略

增长要素：探索者的优点与缺点

解决方案：将想法转化成产品

　　+ 具有好奇心及系统思维

　　+ 能为重要问题制定突破性的解决方案

团队：汇聚个人才能，释放集体影响力

　　+ 吸引专家级人才

　　- 专横强硬，不讲情面

　　- 对待团队成员过于严格

客户：将客户发展成合作伙伴

　　+ 好奇

　　+ 能解决复杂且有商业价值的难题

投资人：联结投资及其他支持者

　　+ 能找到系统性的匹配方案，标准严格

　　- 在非资金问题上，很难达成共识

规模化：提升业务规模

　　+ 重视系统化方法

　　- 很难从情感上激励并团结所有团队成员

如何成为更强大的创业者？

　　• 尽早赋予团队更多权力

　　• 专注研发更高级的下一代解决方案

　　• 在软性管理中解读系统形态

　　• 通力合作

　　• 赋予高管层更多权力

　　• 重视人性化管理

03 改革者——胆大心细，有使命感

"我只是觉得妈妈们会跟我有一样的想法，想给孩子们使用安全的日用品。"

——杰西卡·阿尔芭（Jessica Alba），改革者，美国诚实公司（the Honest Company）联合创始人

身为演员、当过模特的杰西卡·阿尔芭从个人经历的角度知道使用健康的家用产品有多么重要。她患有哮喘，小时候曾经因为各种并发症反复去医院看病。怀孕的她在迎接第一个孩子的时候使用了一种婴儿洗涤剂，却出了一片疹子。研究了其他婴儿及家用产品之后，她意识到无毒的家用产品十分难找。4年之后，阿尔芭创办了"诚实公司"，"这是一个值得信赖的生活方式品牌，产品覆盖家庭生活的方方面面，无毒、实惠、方便"。

与许多改革者相同，阿尔芭直接锁定了对她的产品有所需求、能被她的商业模式满足的客户群体：尝试应对繁忙日常、抚养孩子、为家人购买健康产品的母亲。她最早的灵感来源是意识到，对于健康及安全的产品来说，并不存在

单一渠道或送货上门服务。这点观察促使她深入研究下去，在她丈夫看来，这种行为甚至有些强迫性。阿尔芭很想找到一种解决方法，于是她不断跟他人讨论、测试产品、打磨各种商业创意，当然也遭受了一些质疑。

"最初，人们对我没有什么期待，"她解释道，"不过我还是有做演员时的态度：我不害怕失败。我把这种态度用到创业上，相信我的直觉。相信直觉也是在创业中我低估过的一个重要品质。"无论阿尔芭是否低估了直觉，她如今已经在主理一家关注健康环境的公司。2016 年，她曾与全球著名消费者产品公司联合利华（Unilever）接触，以 10 亿多美元的身价讨论收购事宜。

尽管阿尔芭雄心勃勃，但她从未觉得自己是一个企业家："我不是一个商人，不擅长数学。"她是一个有宏大愿景的梦想家，与此同时，她实际且节俭。尽管她的生活光鲜美好，良好的家教仍然让她保持谦虚的态度。

对于改革者来说，最初的动力是解决市场及社会重要问题、让世界变得更加美好的强烈欲望。创立公司恰好可以同时满足这两个目的。这种胆识让改革者脱颖而出，也值得我们单独为他们设立一种创业者类型。

企业医疗福利平台公司 Jiff 的首席执行官德里克·纽维尔（Derek Newell）跟我们讲述了他创业的动机。他说："我一直想给这个世界带来一些积极影响。我发现，政府和非营利机构的效率太慢了，更快实现目标并给人们的生活带来积极影响的方法就是打造一家营利性企业。"

改革者会以公司成立之初的使命为根据，做出几乎所有重要的决策。一些人会因此倍感振奋，但另一些人会因此遭受打击，因为他们想从领导者那里得到更清晰、更一致的引导。如果你是一名改革者，在追求增长的过程中，一大挑战就是把抽象的使命化作员工可遵循、可操作的详细指令。让我们来详细了解一下改革者在各个增长要素方面的具体表现。

改革者的行事风格："关注最终的奖励！"

相比之下，探索者在意微观管理，与之相邻的改革者却表现出完全相反的性格特征。我们在前言中提到了创业者性格的"对立补充"，这个概念指的是创业者在许多组成因素上完全不同的表现，进而导致他们有不同的行为。改革者更喜欢铺设宽泛的使命，信赖团队采取具体行动。他们认为，放手让团队去做是重要的管理方法，同时可以保证团队的创造力。

许多改革者并不觉得自己能成为企业家。一些人认为他们只是碰巧创造、经营、发展一家公司，另一些人将之归为运气，甚至神的佑护。不管改革者如何踏上创业之路，他们都认为创立公司能帮他们实现所渴望的积极影响。

改革者很擅长吸引热情的早期用户，因为在销售过程中，改革者的使命感及魅力很容易打动这类用户。事实上，改革者期待并珍惜与其他人通过合作将愿景化为现实的机会。从这个角度来看，改革者较少见地同时具有敏感与谦逊的性格。

早期追随改革者的人也会感觉像加入改革运动般热血澎湃，至少进入了一家有明确目的及愿景的公司。这种使命感使工作更有意义、生活更有目标。同样，改革者的早期客户也不是仅仅购买产品或服务，而是试图寻找一种更好的新方法，解决重要的问题。

改革者的挑战在于具体经营以使命为核心的业务，并将它发展到一定规模。当规模化需要标准的运营流程及体系时，一些改革者的商业轨迹就显示出一种比较随意的管理风格；尽管他们有明确的意图，但局限性也不容忽视。美国冰淇淋品牌本杰瑞（Ben & Jerry's）就经历了类似的发展困境——在 4 年里，公司利润从 1 亿美元涨至 2 亿美元，此后就很难再创造额外收益了。对于这种规模的公司，无论创始人的社会使命是什么，优化管理复杂的供应链都能推动冰淇淋行业的发展。

让我们一同观察一下改革者在各个发展要素方面的具体表现，看看他们如何把握时机、应对风险。

实践中的改革者

如果可以轻松地与所有朋友分享状态，让他们知道你在做什么，这个主意怎么样？

——杰克·多西，推特

"刚刚设置好我的推特。"这是杰克·多西的第一条推特。他跨越了 3 个世纪，续写电话发明者亚历山大·格雷厄姆·贝尔的传奇，与贝尔的那句"华生先生，快过来！"遥相呼应。

多西在圣路易斯长大，骨子里就是发明家和软件工程师。年纪很小的时候，他就已经准备改变世界了。15 岁时，他做出了一套更高效的出租车分派算法，某种程度上来说，这也是后来推特有能力连接人与人的前奏。

2006 年，多西构思了一个代号为"状态"（Status）的简单想法，帮助他的朋友们保持联系。推特的联合创始人比兹·斯通（Biz Stone）说："多西跟我们讲了他的想法——'如果可以轻松地与所有朋友分享状态，让他们知道你在做什么，这个主意怎么样？'"多西花了两周时间做出推特的第一版原型，发布出来。

推特的一名早期员工如此评价多西："他很棒，是个很赞的朋友、有趣的老板，但有时候难免不好相处。"其他人回忆称，多西很早离开办公室去上瑜伽和裁缝课；大部分人都想起最惊悚的那天，某位员工终于意识到推特的整套源代码和数据库都没有做任何备份……

也许一个超越诗性正义的信息早就包含在多西最初给公司取的名字里——现在价值几十亿美元的推特，原名为"显然"（Obvious）。

解决方案要素：将创意转化为产品

改革者看重格局，而他们对于大局的见解有时源于微小的发现，如同我们在多西的例子中看到的。无论使命感如何产生，改革者一般会使用十分精简的话语表达宏大的愿景，当他们与缺乏想象的人表述想法时就会遇到一定的困难，因为对方也许无法理解或者没有耐心做出产品、投放到具体市场上。

事实上，这其中也涉及一定的个人选择。改革者很有可能非常擅长找到志同道合的人，把他们发展成潜在的团队成员、投资人和客户，因为他们能理解你对追求颠覆性事物的热情。改革者可能只是简单地邀请人们免费品尝冰淇淋，证明他们的产品味道更好。寻找对的人是一种激发灵感、振奋人心的体验。改革者不会像驱动者或探索者一样做讲解或原型展示，他们更愿意捕捉、利用灵感，这也是他们在解决方案要素上的制胜秘诀。

◎ "垃圾填埋场就是下一个待清理的香烟。"

一些企业家在车库里开始创业，而内特·莫里斯却在垃圾场开启自己的冒险。从普林斯顿大学获得公共管理硕士学位后，他偶然了解到垃圾处理行业中的隐秘商机。当时，行业中已有两大元老级玩家——Waste Management 和 Republic Industries，他们的商业模式为建立垃圾填埋场、向丢垃圾的客户按每吨的单位价格收取垃圾处理费。这种盈利手段让莫里斯担心整个行业是否有动力将垃圾回收并再利用。

纠正垃圾行业的错误做法就成了莫里斯的使命，他随后成立并经营了一家名为卢比肯环球（Rubicon Global）的废物处理公司。他开创了一种"轻资产业务"（asset-light business）的模式，具体来说，他的公司没有卡车或填埋场，而是像出行公司优步那样提供一个平台。莫里斯希望帮助维格曼斯食品市场（Wegmans Food Market）和沃尔玛等大客户回收、再利用更多的废物。公司研究了这些客户的垃圾成分，并招标吸引专业处理玻璃、纸板等各种垃圾材料的搬运公司。通过这种做法，莫里斯找到了回收更多可循环垃圾的方法。目前，他的公司一般能帮客户每年节省 20%~30% 的垃圾收集费。

莫里斯的公司刚起步时，尝试过相同商业策略的第一家公司 Oakleaf 间接帮助他组建了团队。当时，废物回收行业巨头收购了 Oakleaf，使发展回收的愿景沦为又一个被强势的资本和诱人的金钱交易埋葬的想法。

但是，改革者喜欢的正是类似的情势：愿景的可行性得到证实，第一家进行试验的先锋公司被"戴黑帽的反派"（西方电影中的经典形象）收购，改革者只得骑着战马，英勇无畏地重新证明愿景的意义，吸引有经验的人才加入团队并肩战斗。莫里斯就是这样做的。在 Oakleaf 剩余员工的竞业协议到期后，莫里斯就从中聘请了 5 位高管，用他的使命感和实现最初梦想的机会吸引他们。莫里斯用很简洁的语言，激励卢比肯团队："垃圾填埋场就是下一个待清理的香烟。"或许不久之后，莫里斯和他的公司就能让没有垃圾填埋场的社区在美国出现，就像我们现在有无烟办公室一样。

如同杰弗里·摩尔在《跨越鸿沟》中写到的，改革者善于获取早期客户的支持，这类用户支持用未被证实的方案试着解决重要问题。这些客户喜欢做一些实在的事，帮助改革者实现宏大的梦想。在解决方案要素方面，改革

者可以创造出颠覆性的价值，吸引新团队成员、早期投资人及初期客户相信他们的愿景。

◎在游戏中做广告，捕捉流失的用户群体

凯瑟琳·海斯（Katherine Hays）是一名连续创业者，她率先建立了一种规模较大的新型媒体业务模式，瞄准了18~24岁的"迷失青年"。21世纪初始，这个人群看电视的时间大幅减少。海斯改造了一家主营电子游戏的小公司，使其主要业务变为媒体服务，实时地在电子游戏场景中插入户外广告似的推广。这家在游戏中做广告的公司 Massive Inc. 让雪碧（Sprite）、唐恩都乐（Dunkin' Donuts）等大品牌的广告商在赛车、射击游戏中像广告牌一样展示广告。这个创意增强了游戏中玩家感受到的真实性，同时也触及了一个极其宝贵的受众群体。

通过协调三方参与者的利益，海斯在复杂的电子游戏生态体系中，从零开始创造了一个新模式。大多数人或许认为把广告插入电子游戏不算变革，也没有回收再利用填埋场垃圾有意义。然而，她的方式展现了改革者的一个重要特点：改革者能够在彼此关联的参与者网络中捕捉认知差异，挖掘合作机会。海斯仔细聆听游戏出版方、广告商、资深游戏玩家的期望及需求，然后把收集到的信息编织成一套可以带来巨大价值的解决方案。基于海斯的努力，游戏出版方卖出的每个游戏都多赚33%的利润；广告商找到极具价值却难以获取的受众；游戏玩家享受到更沉浸的体验，游戏本身因为这些同时也在其他平台上展示的广告变得更加真实。海斯的创新使微软倍感惊奇，最终微软以2.8

亿美元收购了这家公司。

企业内部的改革者会在发展成熟的公司中面临特有的挑战，除非他们的愿景清楚地与公司宣布的战略重点与竞争定位保持一致。如果情况如此，改革者便可以扛起大旗、发挥影响，通过以身作则和鲜明的领导风格，圆满完成公司和改革者本人关心的企业变革。与新产品相同，这种变革会面临艰难的处境，经历各种试验，需要改革者足够灵活地把关键的反馈纳入规划中。

如果改革者的愿景超出公司的视野范围，他们可以考虑采取另一种推进策略。这种情况下，改革者需要更聪明、有创意地将自己的理念与公司在意的议题联系起来，比如提升公司的品牌知名度、让公司入选"最佳工作场所"榜单或赢得波多里奇质量奖章（Baldrige Award）。

无论是在初创团队还是在大型企业，为了将创意转换成产品，改革者需要积极地联合尚未互联的各方，使他们达成一致的利益。本杰瑞将全世界最好吃的冰淇淋与社会运动联系在一起；内特·莫里斯将整合独立废物回收商的技术与沃尔玛等全国大客户联系在一起；凯瑟琳·海斯实时地在游戏中插入广告，为玩家提供更具真实感的游戏体验，为广告商锁定有价值的受众，也为游戏出版商带来更多收益。

团队要素：激发个人才能，积聚集体影响力

对于改革者来说，招募优秀的团队成员是他们与生俱来的强项。管理风格上，改革者通常避免冲突，对使命保持专注，所以他们十分依赖团队的能力来

追求最终目标。他们必须运用引人入胜的愿景，吸引营销、销售、用研、开发、运营及财务方面的专业人才——这些人对改革者的使命抱有同样的热情，也愿意尽力给出最佳表现。最成功的改革者能够识别他们所需的两大核心要素：实用的专业技能及对使命的激情。

然而，真正吸引追随者的是改革者宣传的变革本身，而不是改革者建立并发展公司的个人实力。改革者对使命的热忱可能会掩盖他们日常管理公司事务时的不完美。一些改革者认为，聘用忠心的好友加入团队可以解决这个问题。但基于我们的经验，这种做法反而会加剧挑战，让人在同理心与实际执行之间矛盾不已。

建筑公司 PC Construction 的联合创始人安杰洛·皮萨加利（Angelo Pizzagalli）就有同样的心得体会。现在，这家公司已成为美国最大的 200 家建筑公司之一。皮萨加利是真正意义上的创业者。他和兄弟雷莫（Lemo）、吉姆（Jim）希望拥有一个友好舒服的工作环境，正如他们之间的关系。这成为公司的早期文化，进而演变成"PC 风格"，但它也明显有不足之处。皮萨加利说："我们的哲学是，只雇用我们喜欢的人。'如果你不想跟一个人吃早餐，那就不要聘用他。'这听上去不错，但实际上我们的考察标准并不高。所以，团队中有一半人非常优秀，剩下的人能力差异较大，从较差到良好不等……我们也很难下决心解雇他们，因为我们喜欢所有招来的人……我们太宽容了。"太重视团队的和谐气氛可能会给改革者制造难题，那些认为同理心比高效执行重要的人更会因此面临更大挑战。

◎"我很能给别人空间和自由，但凡事都有个度。"

上文提到的凯瑟琳·海斯创办了一家数字媒体公司，在电子游戏中插入真实广告，帮助客户创造传播性极强的品牌宣传内容。在她创办的另一家数字营销公司 ViVoom，海斯也能找到绝佳的平衡点，吸引有能力的合作伙伴，在平等开放的环境中不断成长。在跟合作伙伴解释她的做事风格时，她说："我会保证团队有非常清晰的使命，这样大家就能清楚地做好每个决定。如果每个人都知道我们做事的原因、我们想要完成的目标，我们就能创造更好的成果。"

海斯还注意到了最佳追随者的品质："这些人不会发挥到能力极限，但他们只要有一个机会、恰当空间、一些指导，就能大跨步向前，取得职业发展的突破……我觉得我很能给别人空间和自由，但凡事都有个度：在恰当的时机放松一点，这样团队会有一些不安感，也会更有担当。"

如果你是改革者，你很可能善于吸引充满激情的追随者，但这些追随者需要你把抽象的热情表述成具体详细的任务优先级，而基于改革者的性格特征，这不属于他们的强项。如果你认为这件事有难度，不妨参考海斯的经验。她很擅长把使命拆分成任务，聘请有能力的人，让他们在足够的空间里自由发挥并成长。

随着业务的发展，改革者还会面临另一挑战，即在持久战中如何维持团队的动力。本杰瑞创始人本·科恩和杰瑞·格林菲尔德提到，在公司成立之初，员工还会带着工具周末来公司，确保第二天营业时一切准备就绪。科恩说："我们所有人都带着一股干劲，我们对从头起步、从零到一兴奋不已。"格林菲尔德补充道："我们的经营哲学是'如果没意思，为什么要做这件事？'"科恩和格林菲尔德还指出，"向主流靠拢的必然倾向"很容易牺牲最初的使命、愿景及价值观。

最后，还有一个潜在的挑战是，团队成员把改革者看作使命的化身——创业者本人或许也有此想法。这种印象可能会发挥磁铁般的吸引力，但当改革者的作为与判断没能帮助实现其他支持者所期待的理想或价值时，改革者就会跌入困境。改革者的缺点会打破同事的幻想，引发怀疑、负向的情绪，破坏改革者培养的团结气氛。

改革者伊丽莎白·福尔摩斯（Elizabeth Holmes）的起伏坎坷就是一个典例。从斯坦福大学辍学后，她创立了 Theranos。这家公司怀着自信与宏大的愿景，以创新形式的血液分析起步，致力于利用实用的健康信息分析来有效地预防疾病，颠覆医疗行业。福尔摩斯不仅吸引来一群专注热心的追随者（其中包括她在斯坦福读书时的教授）加入团队，而且组建了一个由资深专家组成的董事会，更不必提有多少热切的风险投资人争先恐后地想要参与她的项目。

公司的估值在不到 13 年的时间里便飙升至 90 多亿美元。在福尔摩斯的信徒看来，一切再寻常不过。然而，一些令人不安的问题开始显现，比如公司宣扬的科学理论是否真实可信，多个监管机构调查出来的疑点等，这些情况揭示了福尔摩斯作为一个充满远见的改革者的缺陷。在司法部及证券交易委员会的多次调查、若干起患者及投资者的诉讼之后，2016 年年底，许多人猜测 Theranos 的估值已暴跌为零。

改革者必须牢记，远见不可替代监督管理。在四种创业者类型中，改革者像莎士比亚作品中的悲凉英雄人物。受挫的经历造就他们最强大的力量。使命感可以吸引许多带着积极意图的人，但运营能力与树立使命相辅相成，前者也更加有难度：在改革者努力实现规模的过程中，许多人都会被类似的运营挑战绊倒。

客户要素：把客户转化为合作伙伴

与其他类型的创业者相比，改革者更容易被摩尔提到的"鸿沟"（即早期使用者与后期客户之间的差异）难住。改革者可能是具体使命的出色布道师，他们的热情与充满魅力的个性能说服早期客户。使命感以及与之而来的价值可以创造出强有力的品牌，有助于促进销售额。这个过程有时与招聘很像。争取新用户时，改革者的脑海中有许多计划，他们事实上是在争取与新客户达成一种合作关系。

◎ "我们会找到实现的方法。"

内特·莫里斯与我们分享了一段早期最成功的推销经历：那时，他拜访了总部位于罗切斯特的零售商、美国最受认可的公司之一，维格曼斯。莫里斯回忆道："我去他们公司的时候，穿着工装裤、扣领衬衫，没穿西装外套。跟我一起坐在接待室里的还有 4 名来自 Waste Management 的销售人员，西装革履，穿着非常正式讲究，而我却显得很随便……我当时觉得还是很紧张的。"

莫里斯走进一间很大的会议室，带着在一张纸条上匆匆写下的笔记，上面有他认为能为维格曼斯做的三件事。但比推销演讲更重要的是，他是谁以及他如何与第一个潜在的大客户建立合作联系。当维格曼斯的人打电话告诉莫里斯他赢得了这单生意时，他们说："我们肯定要选你的，不用花时间琢磨。你让我们觉得我们是家人，属于维格曼斯文化的一部分。你很实诚，又谦虚，你讲过的都是你想要达成的事情。而其他跟你竞争的人也只是一帮搞推销的人。"

莫里斯回想当时开会时的情形："我觉得我们双方当时有一致的出发点，都很重视正直、诚实，都想要展现自己的价值。"

与维格曼斯的合作关系很大程度上改变了莫里斯的卢比肯公司，因为随后沃尔玛及许多其他国家级大公司都成了莫里斯的客户。对于卢比肯来说，维格曼斯是每个想要跨越鸿沟的初创团队梦想获得的传播型客户。如莫里斯所言："维格曼斯是我们的业务传道者。他们喜欢帮我们建立业务，见证我们逐渐成长。他们很认同我们的方式、价值观以及我们对世界的理解。"

这就是改革者能打造的纽带，他们能与客户紧密结合，就算对方是每个人都渴望攻克的黄金客户。改革者可以凭借强大的愿景，聚集一些人加入他们的征程，而不是用驱动者采用的强势推广产品的方法取胜。

风险投资人、连续创业者吉姆·霍恩赛尔（Jim Hornthal）已创立了十余家公司，覆盖众多类型的产品及市场，擅长运用改革者的上述能力。事实上，他是复合型人才，兼具改革者对于理想事业的使命感以及驱动者的好奇心和对市场的高敏感度，瞄准新兴技术及社会趋势，投注自己对这些领域的见解与洞察。最近，他还对破解复杂系统产生了探索者般的浓厚兴趣，采取精益创业团队的管理框架，对用户应用快速迭代的假设实验，推崇以"实证为基础"的创业及创新精神。霍恩赛尔说："不愿意通过实验排除假设的创业者迟早会在竞争中除掉自己。"

投资人要素：集结资金及其他支持

改革者可能不会轻易找到合适的投资人，因为他们追求的事业通常会领先于时下市场。在这种场景下从零创业需要资本有一定耐心，放长线钓大鱼。

改革者不会为权力或控制力所动，相反，他们更会被能够从根本上改变现状的使命驱动，不管这个使命的形式是行业模式、商业模式、技术甚至全世界本身。改革者这一称谓就透露出这样的气质，持久战是他们的偏好。考虑到使命的量级和难度，改革者基本不会关注既得收益或套现。

比如凯瑟琳·海斯一直享有投资人的坚实支持，但没有跟投资人建立起她与团队和客户的紧密纽带。对于她来说，创业者与投资人的关系更多停留在金钱交易的层面上——互利互惠，但不一定需要有更深层的关联。

连续创业者詹姆斯·克里尔（James Currier）创立了数家公司，涉足游戏、数字医疗等行业，现在是邀请制创业加速器 NFX Guild 的合伙人。带着多年累积的经验，詹姆斯告诉我们："我现在开公司不会拿投资人的钱，因为我知道创业的游戏怎么玩。拿了钱就会输。事前想清楚自己是否能接受这个，因为这就像坐牢一样。拿了别人的钱，就会被迫离开。离开之前，它都会消耗生命。"

改革者会通过自我筛选找到最合适的投资人，这种情况下，改革者与投资人双方会基于一些共通的原因彼此合作。改革者需要有耐心的资本，投资人能完全认同改革者的使命，接受不可避免的起伏坎坷。同样，将创业使命看作投资关键要素的老练投资人也会吸引改革者。

前言中提到，杰妮·弗莱斯和珍·海曼创立了一家脱颖而出的服装共享初创公司——Rent the Runway。用户只需要花 150 美元就可以租到售价高达 1000 美元的设计师品牌服装。弗莱斯在贝恩资本（Bain Capital）找到了理想的投资人，名叫斯考特·弗里恩德（Scott Friend）。在描述他们之间的合作关系时，弗莱斯说："我们一起合作 6 年了，现在每周打三个电话。一开始的时候，斯考特每天给我打两个电话。这种关系还是挺特别的。他是一个特别优秀的投资人，直接影响我们的创业体验。"

连续创业者、游戏公司 Maximum Games 的创始人克里斯蒂娜·西利（Christina Seelye）寻找的不只是投资人："我的投资方一直都是战略型的投资伙伴。这种互利关系是双向的，不会仅仅停留在利益层面。"她会向从事其他业务的公司那里争取投资，而她的成功也会反过来助力这些公司实现核心目标。

内特·莫里斯吸引了一众志同道合的投资人加入他的征程，比如莱昂纳多·迪卡普里奥（Leonardo DiCaprio）、亨利·克拉维斯（Henry Kravis），还有投资公司 Richmond Global 的执行合伙人、在全球打造创业生态的非营利组织 Endeavor 的联合创始人彼得·凯尔纳（Peter Kellner）。此外，伊丽莎白·福尔摩斯也用相同的策略，得到亨利·基辛格等资深投资人及知名董事会成员的支持。改革者在寻找匹配度高的投资人时，有时会胜利归来，有时也会一无所获。但无论怎样，共同的使命感、恰当的时机以及正确的路径是改革者成功的关键。

规模要素：升级业务

讲到规模，改革者必须加强与团队成员的联系，这种联系在公司成立早期是建立在深厚的个人关系上的。改革者很难避开个人关系不谈，因为这有悖于他们的性格属性。所以，改革者必须改用更系统、更兼容的方法，与更多的员工打成一片，即使有时缺乏对一些员工的了解。当公司规模达到100~150名员工、办公地点不止一处时，这种变化就会出现。

杰妮·弗莱斯解释称："我们发展得很快，文化也在跟着调整。工作流程理所当然地增加，我也不能认出每个员工……尽管如此，我觉得我和珍还是代表公司文化的重要组成部分。公司只有30人的时候，我们的个性塑造了公司价值观。当时，我们选出了能定义公司文化的10件事，其中许多是创业所需的技能。有时候，我也觉得做完一些事耗时太长，但调动规模更大的团队的确使更多流程和协作成为必需。"

克里斯蒂娜·西利也有相似的看法："我擅长从零做起、开疆拓土，但不适合发展规模、完善流程……我可能不得不严肃正经起来！"她还说，"我更像是'放手让员工去做'的管理者"，就像其他许多改革者那样。对于西利而言，幸运的是在她成长的经历中，她可以从担任仓储行业货车司机的父亲那里

直接掌握个性化客户服务及保障的重要性，补充以使命感为核心的性格特点。

改革者可能会幸运地在团队中找到性格互补的同事，这些团队成员对日常运营的热情与改革者对使命感的激情程度一致，相辅相成。这就是弗莱斯和海曼制胜的秘籍，她们第一次在哈佛商学院见面便一拍即合。弗莱斯是创意满满的营销天才，而海曼是业务运营专家。虽然她们有相同的名字纯属偶然，但这某种程度上也象征着她们彼此依赖的创业合作关系。

◎ "人们需要打破常规，发挥想象力，看得远一些。"

安杰洛·皮萨加利在发展建筑公司规模的时候就遇到了一些难题。他对外部资金及资源的拒绝造成了一些现金流的压力，用他的话说，"我们必须赶快赚钱！"这就意味着扩大规模本质上是一单单生意堆砌起来的苦差，现有服务项目限制了对人才、技术、设备的未来投资。

皮萨加利发现，随着公司在行业中扮演的角色越来越重要、体系与管理日趋成熟，重新点燃团队关键成员的创业激情并不容易。他说："我们常常需要跟一些经理开会讨论，因为他们没有表现出创业的感觉。有时候难免需要把话说得狠一些，因为我们不希望他们只会循规蹈矩，这样做是不会有额外的惊喜感的。人们需要打破常规，发挥想象力，看得远一些。"换句话说，在提升公司规模的阶段，改革者还是希望团队可以始终保持他们创业初期播种的热情与勇气。

在发展公司规模的时候，所有类型的创业者都会面临一个挑战，那就是雇用跟他们相似的人才。改革者在组建团队时更具有这种倾向，因为他们更注重能激发出动力与灵感的远见。要求新人与改革者风格一致可能会有一些好处，如杰妮·弗莱斯所说："我觉得，能招到迷你版的我就是成功的。我比较能跟聪明、A 型性格、主动、行动力强、全能型的人相处。我们的对话和沟通比较透明、连贯。他们会更专注做事，不会被其他事缠住。"

但是，改革者可能更难顺利地扩大公司规模，因为他们的个人喜好会干扰他们的努力。正如我们看到的，改革者更能吸引被使命感打动的追随者，而不是拥有关键职责技能的人。一些改革者喜欢雇用性格秉性和他们相似、相处轻松的人，同时不擅长开除业绩不佳的人。

改革者如果能把使命感具体化，形成一系列指导招聘的价值观，就能有效地推动公司的规模化。本·科恩就对他和杰瑞·格林菲尔德在公司扩张时期做的一些招人决定感到后悔："我们找了一些有技能、没有价值观的人。如果能稍微看远一些，关注能让公司成功的长远意义，你就会给价值观更多权重。"

作为改革者，你可能很想知道如何同时保持充沛的战斗力，招到被使命感鼓舞的人并保证规模化所需的运营步骤。凯瑟琳·海斯就成功地平衡了这三者的关系，吸引了能实现增长的人才，把具体的任务与抽象的使命感关联起来，给团队充分空间让他们自由发挥。

改革者的天赋与不足

本章讨论了改革者创建公司、解决重要问题的方法与过程。总的来讲，改革者十分重视如何在自己的业务生态中与客户及供应商达成利益上的一致，从而取得影响深远的成就。改革者能够凭借深刻的同理心、真诚的社交技能、使命感带来的人格魅力吸引相似的人，但在扩大公司规模的时候，也会因为更重视与客户、供应商、团队成员发展关系而忽略必要的运营操作。同时，改革者的同理心也会偶尔让他们避开冲突。

改革者具有的明显优势与劣势可概括为以下几点。

◎**对复杂人际关系中的目标不一致保持敏感**：改革者十分擅长挖掘他人潜在的需求及欲望，将其转换成令人振奋的美好愿景。我们在一系列改革者身上看到这个强大的特质，包括开创低致敏家用清洁产品品牌的杰西卡·阿尔芭、决心用 140 个字连接全世界的杰克·多西以及帮买不起正式礼服的灰姑娘圆梦的杰妮·弗莱斯。改革者一般会识别情感需求，发现尚未出现的解决机会，接着定义行动步骤。

◎**具有人格魅力**：改革者魅力十足，他们的愿景也因此显得更加生动真实。诸多改革者展现了这样的性格特质，比如张扬且迷人的伊丽莎白·福尔摩斯吸引了许多人加入 Theranos 一同筑梦；本·科恩和杰瑞·格林菲尔德号召员工与客户一齐打造注重社会使命的特别冰淇淋品牌。因为许多改革者的使命包含一些感性的成分，所以他们的热情和激情会深深打动追随者和客户。对于改革者来说，个人魅力是极强的领导力手段，他们懂得借助与他人的情感联结，向他人灌输使命感。

◎**具有足够的同情心与能力，建立深刻可靠的关系**：改革者能很快地与员工、客户、供应商建立深刻的关系。这种信任源于纯熟的倾听技能，在早期有助于推进他们的愿景。我们在内特·莫里斯争取第一个国家级大客户——维格曼斯食品市场的例子中看到了这项核心能力；凯瑟琳·海斯以同样的能力发现电子游戏行业中出版商、开发者、广告商之间的差异，继而为他们创造大量价值。改革者会开拓深刻可靠的人际关系，统一客户、团队成员和他们自己的利益。虽然这个天赋是改革者为公司创造早期价值的关键手段之一，但他们也必须把它嵌入企业文化，从而逐渐实现业务规模。

◎**认为所有新收入都是良性收入的倾向**：改革者对使命的热情、对客户的体恤可能让他们误入歧途，错选对盈利和企业生命力无益的业务。改革者会想当然地假设认同使命的客户是良性收入的来源，但改革者如果不能持续为每个客户带来客观的盈利，就会牺牲公司的经济发展能力。

所有正在尝试扩大业务规模的创业者都需要辩证地评估每一个客户的可盈利价值。改革者尤其容易陷入接受低收益的陷阱，因为他们对客户表现出极深的同理心。就像改革者不善于开除业绩不佳的员工，他们在创业初期很难拒绝给他们下注的客户。在我们咨询及案例讲解的经验中，类似挑战常困住改革者类型的创业者，在他们看来，个人忠诚度和增长及规模的盈利价值之间存在矛盾。

◎**不善于把原因转化成措施**：在描述公司为何急切地追求其使命时，改革者堪称大师。但是，他们并没有相同的兴趣或者天生更不善于把原因转换成下一步的措施，而具体的运营步骤对实现最终目标来说必不可少。当追随者寻求做具体事情的指点时，改革者会像网球术语"反手击球"那样绕过正题，确认团队成员仍然能以他们喜欢的"正手击球"的方式，完全认同最终使命。

总部位于北卡罗来纳州格林斯伯勒（Greensboro，North Carolina）的非营利国际教育提供方——创造性领导力中心（Center for Creative Leadership），认为这种方式是"错误地视技能为意志"。我们采访过的几名改革者描述了他们与直属下级在沟通时的挫败经历。确认过下属仍然在同一战线后，改革者让下属继续工作，可是某些下属需要除了统一目标之外的更多指点，正如 Course Advisor 的创始人、连续投资人格雷格·泰特斯（Greg Titus）的解释，"如果你需要许多结构化的讲解、正式的训练课程，那么你就需要换家公司了。不是因为你不够聪明，而是你需要一个不同类型的环境，帮助你成功"。

利用"强化与弱化"的策略，成为更强大的改革者

改革者可以选择继续坚持运用已有的多项技能或深化作为创业者的专业能力。如果选择后者，以下是改革者可以立刻践行的五个具体措施，以加强优势、弥补不足或双管齐下。无论做什么具体决定，改革者都可以向其他同路人学习。在第八章中，我们还会继续讲解如何扩大技能库，吸收驱动者、探索者及引领者的优点。

接近现有的、潜在的团队人才，建立合作基础： 改革者怀抱绚烂的愿景并拥有强大的魅力，这很能吸引他人加入团队。但随着业务内容越来越复杂，许多问题会牵制改革者，导致他们与现有员工、未来所需人才之间的隔阂。这时，改革者应当抵抗住这股如地心引力般的外力，多花时间与团队交流互动。团队在忙于日常运营、提升业务规模时，改革者的美好愿景与积极性格是他们的首

要支撑。简而言之，他们需要觉得自己与改革者坚持的使命有所关联。

格雷格·泰特斯通过每周在公司举行全员会议实践这条原则。在这些会议中，他庆祝个人及团队取得的成功硕果，公开地讨论公司正在面临的挑战，自然而然地便与全体公司成员团结一心。他介绍新团队成员，引导他们深入透明的公司文化：泰特斯让新成员做自我介绍、分享一段过去令人尴尬的经历（他本人也常常这样做）。在泰特斯的公司里，员工会较早地放下防备，从一开始就建立互信的纽带，一起并肩向前。

学做一个懂得倾听的管理者：改革者最娴熟的才能之一就是倾听客户，体察他们没有直接表达的需求、渴望及期待。或许就是这种专注鼓励改革者开启他们的征程。那么，在具体的专业领域，改革者也需要继续这样做，做员工的良师益友。

尽管所有创业者都必须聆听客户的想法，但改革者与客户建立的共情纽带可以为他们带来更多的竞争优势，让他们将客户的洞察转换成与业务相关的文化及运营要点。举例来说，无论在电子游戏广告公司或热播视频营销公司，凯瑟琳·海斯都会指导下属培养创造性倾听的技能。

利用品牌及文化传播使命、突破限制：如我们上文提到的，改革者的魅力与个性是愿景与使命的鲜活特征。随着公司不断扩大，这些特征会成为改革者关键的管理手段，帮助改革者扩大使命的影响，超越个人能达到的范围。然而，一些客户和员工会因为改革者的人格魅力认为他们是胸怀使命的救星，因此改革者的个人缺点和不可避免的失误会损害公司的发展。

连续创业者乌玛尔·可汗（Umair Khan）创立了海外 IT 咨询公司 Folio3

和主打畅销书游戏化的教育游戏开发公司 Secret Builders。他向我们讲述了利用公司文化延伸使命、弥补个人失误的方法。"我们当然会雇用被使命吸引而来的人才。他们可以相信我的使命、我们的使命，但不要盲目轻信我们的规划。我的身份是公司管理者，不是信使或梦想家，因为如果我做了错误的决定，那其他的人也会出错。"

选择一个性格互补的经营者加入团队或成为合作伙伴：在本章中，我们已经反复强调了改革者的缺点之一是不能将愿景转换为日常的业务运营流程。一种有效的解决策略是指派认同公司愿景但更有执行力的团队成员负责这项重任。

例如，与姐姐一起创办数据中心供应商 Mirapath 的多丽丝·叶（Doris Yeh）就这样描述她的改革者风格："我负责营销，她负责执行，我们就像阴与阳一样。我会一直琢磨新创意，而她会检查这些想法是否合理、完整。"有些人认为与家人合伙创业是很轻松的事，而叶却有不同的看法："姐妹关系让我们的创业历程更难，但我们知道意愿与目标总能让 Mirapath 变得更好。虽然我们会有各种讨论、争论甚至吵架，但正是这些交流让我们公司越来越好。"

艾伦·利唯（Aaron Levie）是已上市的云储存公司 Box 的联合创始人，他也描述了一种类似的管理方法："公司有近 50 个员工的时候，我们聘请了一位首席运营官，我把业务运营的大部分日常工作都交给了他，这样我就能更专注于思考公司未来的产品及策略。"

不要让个人忠诚在无意间损害业务发展：最成功的改革者在扩大业务规模时，会建立相对冷静、平淡的客户关系。当然，这种变化不会影响他们与早期客户之间真实、热烈的个人关系，只是在业务增长阶段，改革者需要明白维系客户的作用。

Rosemark Capital（本书作者之一克里斯的公司）投资的一家公司的CEO很准确地捕捉了这种紧张的关系："当我掌握了相关数据、看到我们为最初期的用户定制的解决方案已经开始阻碍平台效率、伤害更多用户的利益时，我只能跟他们进行一次成年人之间的对话，坦言我们无法再为他们提供服务了。"这里的"成年人之间的对话"指的是开诚布公的交流，表明现有的商业合作关系不再奏效。这个改革者凭借与客户建立起来的信任，坦诚地表达了立场。随后，他帮助客户选择了一家规模更小的竞品公司，简化了交接流程以保证不间断的服务。从此我们可以看出，坚持改革者的原则与降低客户群体的复杂化以保证规模化发展之间并不矛盾。

以上建议会帮助你成为一个更专业的创业者，发挥优势、避免或弥补劣势。在第八章中，我们会引导你再前进一步，树立更具野心的目标。你将了解到如何学习并培养另一种创业者性格类型的具体优点，将其转化成自己的技能，而你将成长为大师级的创业者。

行动中的改革者

我相信，创业精神是实现平等的利器。

——玛莎·菲尔斯通（Marsha Firestone），改革者，女性总裁组织（Women Presidents' Organization）

女性总裁组织于 1997 年由玛莎·菲尔斯通成立，主要成员是价值百万美元级的私企女性总裁、CEO 及高管。组织的使命是"推动女性及其员工、家人的经济地位"。菲尔斯通很早便注意到职业女性遭受的经济歧视。1965 年，杜兰大学法学院（Tulane Law School）的系主任面试她时，问她为何申请法律专业，这将取代一个不得不赚钱养家的男性候选人。毕业工作后，当她供职于美国管理协会（American Management Association）的教职团队时，她发现她的收入远低于其他同事。她回忆说："我很激动，要求加薪，最终拿到了 8000 美元，可能还只是同事收入的 1/3。"

这样的经历激发了菲尔斯通作为改革者的热情，她选择在哥伦比亚大学攻读博士学位，师从著名的人类学家玛格丽特·米德（Margaret Mead）。菲尔斯通的毕业论文以非语言沟通为主题；多年之后，她巧妙地将这一知识应用到建立女性总裁组织的过程中。她发现，在以具体管理挑战为主题的小组讨论中，女性管理者更能有效地从彼此的经验中学习。

菲尔斯通解释道，当组织刚开始与女性企业家合作时，组织成员的目的只是想有稳定的收入。那时，"她们没有远大的志向。现在，女性创业者也有了追求梦想的能力"。

　　现在，女性总裁组织在全世界设立超过 120 个分支、拥有几万名会员。菲尔斯通创立的组织还在不断扩大，奋力实现一个能真正改变世界的使命：更好地鼓励、支持、肯定投身创立伟大事业的女性领导者。

改革者蓝图

性格档案

组成因素	详细描述
动机	解决重要问题，让世界变得更美好； 拥有深刻的同理心，能感知其他人的需求及欲望，通过打造有使命感的公司满足众人的需求。
决策	依赖直觉，通过感性认识判断对错。
管理策略	改革者通常会被创业使命及直觉引导，不擅长解决棘手的员工问题，因为他们一般选择避免冲突，允许业绩不佳的人滞留在团队中，而不会让他们离开公司。
领导力风格	容易吸引人才负责公司及业务运营，用愿景及公司使命激励他们，而不是以系统的方法指挥他们。

天赋（优势）

• 善于利用个人魅力及远见卓识激励他人

• 愿意给团队赋权

• 适合更灵活、有创造力的工作氛围

• 与他人相处时，具有同理心

不足（劣势）

• 不擅长将远见细化成具体的下一步任务

• 招聘时，更常招募对愿景有热情的人，而不是真正有能力的人（假设始终都有文化契合度）

• 回避问题使问题恶化

增长策略

增长要素：改革者的优点与缺点

解决方案：将想法转化成产品

+ 投入研究并尝试解决有意义的挑战

– 不能清醒地感知不一致的利益

团队：汇聚个人才能，释放集体影响力

+ 善于利用个人魅力吸引并鼓励他人

+ 擅长培养深厚可靠的关系

– 回避冲突

用户：将客户发展成合作伙伴

+ 擅长培养深厚可靠的关系

– 假设所有收入都是良性收入

投资人：联结投资及其他支持者

+ 能够吸引志同道合的支持者

– 需要有耐心的资本投入，从而实现长期愿景

规模化：提升业务规模

+ 具有冒险家般的使命感及强大的增长能力

– 不擅长将愿景转换为做法

如何成为更强大的改革者？

• 接近现有的、潜在的团队人才，建立合作基础

- 学做一个懂得倾听的管理者
- 利用品牌及文化传播使命，突破限制
- 选择一个性格互补的经营者加入团队或成为合作伙伴
- 不要让个人忠诚在无意间损害业务发展

04　引领者——务实直接，注重团队

他们都是外科医生，但我想建立一个团队。

——玛杰丽·克劳斯（Margery Kraus），引领者，

安可公关顾问公司（APCO Worldwide）

当华府知名律师事务所阿诺德波特（Arnold & Porter）的合伙人偶然看到玛杰丽·克劳斯为公共事务电视网 CSPAN 主持一档电话咨询节目时，她已 38 岁，是 3 个孩子的妈妈。这个律所合伙人和他的朋友邀请她接手一档新成立的咨询业务，从而满足客户日趋增长的需求。

克劳斯很快看到了这个职位带来的机遇与挑战：团队职责不够清晰，介于宣传游说与公共关系之间；几名团队成员都没有法律相关的背景，虽然在律所中，正规的法律职业训练应是所有业务的王道。克劳斯这样描述她的第一印象："我没有想出什么绝佳的规划或使命，相反我看到一个机会，看到人们很苦恼地完成工作任务。我感觉自己知道该做什么，只是在想如果能理清事物之间的

关联、努力向前推，事情就能做好。"

与克劳斯一样，引领者一般会以别人构思的业务想法作为创业起点或者把客户需求、人才、时机融合在一起建立业务。如同她解释的："公司里当然有说客、公关、组织宣传活动的基层员工，但没有一个人是通才。他们全部是专才。而我想成立一个能够聆听客户、帮他们诊断问题的团队。我觉得这么做是理所当然的事。"

克劳斯把她在不同国家取得的成功归因于早期做教师的职业经历。许多引领者在他们各自的业务中都曾扮演过这个角色："如果你在美国之外的地方做生意时遇到一些难题，这通常是因为你不了解当地市场的运作体系。所以，曾经做过老师还是非常有实用意义的。"

多年之前克劳斯从律所培养出来的安可公关，现在在全世界超过 60 个国家设立办公室，服务众多国家首脑和国际公司总裁。它已成长为美国排名第二的私营公关公司。

克劳斯创立安可公关就是典型引领者的故事。机缘巧合铺垫了适宜的环境，在这个基础之上，克劳斯主动倾听、了解难题，招募并鼓励优秀的团队建立合作文化。

对于引领者来说，文化至关重要；相比之下，某些创业者会把它当作马后炮。他们用"在前线引领"的方法，补充"在幕后管理"的风格。通过这种方式，引领者对手上的工作保持一种合作共事、相互依赖的投入感，组建一支更具凝聚力的团队。克劳斯精确地总结道："我雇用了许多聪明的员工，他们的想法比产出更加关键。"

引领者的行事风格："合作战胜专权"

引领者的动力来自实现他们认为重要的事。他们会像享受建立起的业务那样，享受建造的过程。克劳斯说："我从没担心过这家公司会发展到多大，我只会担心我们有多好、有多不同。"

引领者会凭借三个核心天赋，打造一家具有价值的企业：战略性愿景、树立价值观和赋权于他人。引领者不一定着眼于一个具体问题（探索者），市场机会或产品灵感（驱动者），或者对市场深度需求的敏锐感知（改革者）。相反，引领者更能通过自身能力逐步建造业务，释放他人身上创造价值的潜力。

改革者是务实的管理者，但与通常以自我为中心或过度控制的驱动者及探索者截然不同。改革者更像是交响乐团的指挥，随着现场气氛的变化，将聚光灯投射在独奏者或乐器组身上，同时手拿象征领导的指挥棒，保留对结果的极高责任感。

引领者喜欢"信任之前先验证"的决策风格。这种方式并不意味着他们没有清晰的观点，只是因为他们更愿意关注使命及愿景，从而找到共识。开会时，引领者会最先聆听，最后发言，不会为了把任务完成而牺牲赋权于他人的可能性。

接下来，让我们了解一下在五大增长要素方面，引领者如何展现自己的动机、管理、领导力以及决策风格。

解决方案要素：将创意转化为产品

在解决方案方面，引领者表现不一。像玛杰丽·克劳斯一样的改革者会被其他人的想法吸引，然后做成自己想要的模样。另一些人倾向于通过一系列精心安排、合作性强的头脑风暴与反复试验，逐渐形成他们的创意，例如在精神健康药物临床试验方面的全球创新者、MedAvante创始人保罗·吉尔伯特（Paul Gilbert）。

"你要把方向盘转向你正在探索的路。"

2001年，吉尔伯特聚齐了八位来自营销、科技、医疗界事业有成的朋友及同事。在一年多的时间里，他们每个周末都会一起进行头脑风暴，探讨时下潜在的医疗问题；他们相信，如果成立一家公司，这些问题就能得到解决。终于，他们为提高精神病药物（例如百忧解）临床试验的准确性想到了一个全新的方法。

这类药物的制造成本极高，而其临床试验通常不能把新型化合物的治疗效果从一般的安慰剂（糖片）中分离出来。公司的总指挥吉尔伯特组建了一支专家队伍，创造了团队协作的环境，为这个相当棘手的问题发明了解决方法，并实现了商业化。

吉尔伯特团队建立MedAvante的故事描述了引领者的三个常见倾向：组建一支才能优秀的团队，利用一套以事实为基础的系统化方法，关注短期内具有商业价值的实体经济问题。这种风格与驱动者截然不同——驱动者相信他们可以感知市场发展的方向，在需求出现之前创造产品、服务及解决方案。

除此之外，与其他三种创业者形成对比的是，引领者更愿意在早期与潜在客户互动，甚至向客户展示创意的粗略原型。吉尔伯特说："创业是发现的过程。你会慢慢理解，最开始的问题不一定是正确的问题。你必须要有一个起点，包括一个清晰、可衡量的痛点以及能解决它的价值主张。但大部分情况下，这并不是你最终所得的。你要把方向盘转向你正在探索的路，不能锁在一个预先定义好的计划上。创业计划不等于一成不变的路线图。"

从某种程度上说，不同于驱动者和探索者依赖于对结果的预测，引领者以更实用、实时的视角看待所有五个增长要素。在 MedAvante 的例子中，为创意寻找最佳的实践方法变成了一场多年的冒险，在此过程中，所有人为最初识别的问题不断探索、开发、验证正确的解决方案。

就像玛杰丽·克劳斯偶然创立安可公关一样，引领者一开始可能没有想清楚具体的产品或解决方案，但他们愿意寻找一个奏效的答案。举例来说，约翰·克劳利（John Crowley）为一种复杂的疾病发明了一种新型的临床试验方法，同样遵循了从创意到产品的路径，但动机却更私人且紧急。

"我别无选择，必须马上做些什么。"

假设你的孩子不幸患上罕见的不治之症，你会怎么做？你会冒着什么样的风险，为孩子找寻解决方法或治疗药物？你应该会竭尽所能，尝试任何能帮助孩子的方法，愿意为此耗费所有资源，对吧？

再假设你不是医生或科学家，对那种疾病没有任何学术或专业的认知。你在一家制药公司工作，是一个接受过专业训练的管理者及营销专家。你会辞掉薪水丰厚、前途大好的工作，推翻职业前景，为了给孩子治病成立一家公司吗？

在两个孩子被诊断患有庞贝病（Pompe disease，糖原贮积症Ⅱ型）之后，克劳利就做出了这样的决定。庞贝病是一种致命的神经肌肉紊乱症，患病儿童会遭受短暂且痛苦的一生。克劳利和太太觉得不能坐以待毙，等待别人找到治疗方法或药物。他们需要尽快采取行动。孩子出生前，克劳利就想过若干年后自己成立一家公司。他说："我一般会避免风险，但孩子的状况让我别无选择。我必须要马上做些什么。"

克劳利听说在俄克拉荷马市（译者注：美国俄克拉荷马州的首府）有一家名为 Novazyme Pharmaceuticals 的生物技术研究创业公司，该公司正在研制一种生物酶，补充庞贝病患者体内缺乏的酶。他辞掉了在生物制药公司百时美施贵宝的工作，加入 Novazyme 团队，帮助他们筹集投资、加快临床试验、验证生物酶方法的功效，从而尽快投入使用。事实上，这种方法只是治疗庞贝病的有效方法之一，并不能保证完全治愈，但对于克劳利来说，它足以挽救孩子的生命。

相较之下，引领者可能不像其他类型的创业者，对解决方案或商业概念有十分清晰的认识。然而，他们具有务实的商业感知、让团队聚焦问题或机遇的领导力，这能很快释放团队的能量，找到最终的解决方案。引领者因此可以创建公司，制造影响。

同时，引领者喜欢让情境与共识自然地构建解决方案，这样做有时难免会牺牲真正的商业突破。他们的策略能为更紧迫的问题找到更有效的解决方法，但不能像史蒂夫·乔布斯或亨利·福特一样促进颠覆性的创新。其他类型的创业者或许更有可能实现巨大的飞跃。

团队要素：激发个人才能以造福集体

引领者更擅长组建队伍，而非推进变革。他们会专心打造以价值观及共同责任感为基础的公司文化，站在幕后领导团队，相信同事和文化能实现大家共有的公司愿景。与探索者和驱动者不同的是，引领者的满足感来源于"我们"，而不是"我自己"。引领者的管理风格为"信任之前先验证"，以此补充在共同愿景及价值观上的关注。

实践中的引领者

如果想要有所成就，那么团队与引领者就会彼此需要。

——马克·库珀史密斯（Mark Coopersmith），索尼电商部门

提到索尼时，大多数人都会想到索尼出品的高级电视机和电子游戏机 PlayStation，很少有人能想到它的电商平台。下面这个故事讲述了这家全球知名电子消费品企业建立并分拆电商平台的经过，主导平台的人就是一位大企业内部的引领者，名叫马克·库珀史密斯。

20 世纪 90 年代中期，亚马逊开始向线上图书零售商转型；考虑到可能出现的渠道纷争，市场上多数重量级玩家还没想清楚在这个新领域投入多少资源。但索尼想在线上销售产品，也需要一个执行力受到认可的人启动这个计划。

公司把这个任务派给时任索尼某业务线执行副总裁的库珀史密斯，当时他已经接触过公司大部分电子产品与内容业务了。尽管这些业务都在线上推广产品，但没有任何一条业务线在网上直接把产品卖给客户。

因此，库珀史密斯组建了一支背景多元的团队，成员来自公司内外，有工程师、产品专家、市场专家及销售专家。善于赋权的他成为整个团队的总指挥，而不是亲自推动成员行动。实际上，他更像是路易斯与克拉克考察队（译者注：1804—1806 年美国的一支远征探险队）风格的领导者，率领团队冲向当时互联

网的前线，派团队成员识别并评估市场上现有的电子商务解决方案。

库珀史密斯问团队，索尼应该直接买下还是从零建立一个平台，团队坚持选择后者。之后，他一边带领这个由程序员及线上营销人员构成的团队，一边为团队在公司高层中宣传、铺垫。这支队伍与现在的精益公司一样，建好了索尼线上商店并开始运行，很快就支持安全的信用卡在线支付。

这支团队在旧金山办公，远离索尼纽约总部更正式严肃的企业文化。正如克里斯·平克汉姆在创立亚马逊云服务的过程中体验到的，与"母舰"保持物理及文化上的距离是使企业成功的关键元素。

其他行业及公司的商业领袖，包括惠普、必胜客和宝马等公司在内，也在想方设法在线上销售商品、服务客户，他们很快便问起索尼是否许可外部公司使用他们的技术。这些询问督促索尼做一个战略性决策：要么为了自身使用保留这项技术，要么把它分拆出去。索尼最终选择了后者。

库珀史密斯从大企业型的引领者变成了创业型引领者。他从一些外部投资者那里募集了一笔资金，之后以优异的回报卖掉了公司。在一系列的交易之后，他与团队最初创建的平台如今已成为谷歌的一部分。

对于任何类型的创业者来说，组建一支优秀的队伍都不是易事，吸引、留住甚至筛选团队人才从而推进发展是一个持续不断的挑战。换句话说，团队需要不断地招兵买马、重整旗鼓。

尽管引领者偏好以合作及共识为基础的领导及管理风格，但他们也很清楚船驶向何方、到达目的地需要他们做出什么努力。他们更愿意通过释放个人及团队的生产潜力，建造能够输出持久价值的企业，即使偶尔的情势会逼迫他们必须自己掌舵，应对突变与危机。

约翰·克劳利正在经营的医疗公司 Amicus 就是一个很好的例子。2013 年的夏天，他的小女儿经历了一场背部手术。克劳利睡在医院的地板上，以便看护女儿。他的生意当时正经历着财务和技术危机，克劳利必须为此规划应急路线。

他回忆道："然后某天清晨，我抓起一支笔、一张纸就对自己说，'好，现在我们有很多选择。我们接下来要这么做：甩开我们的大型制药合伙公司、重要股东，解雇首席科技官，停掉圣地亚哥的设施，解聘公司剩下的1/4的员工，选一家对冲基金，用极高的稀释率筹钱'。董事会全盘接受了这个决定，我在接下来 48 小时中执行了这五项决议。"

克劳利在医院病房中的经历展现出典型的引领者性格。在难以想象的高压下，引领者还是会专注务实。他用清晰的思路制订计划。此外，因为克劳利通过不断努力与董事会已建立了相互信任、目标一致的关系，所以他才能灵活又胆大地采取行动。

在接下来的几个月中，克劳利带着一支精简的团队基本上重塑了公司。他说："我觉得所有最后留下来的人都对公司有一定的信念，并不只出于薪酬上的奖赏。实际上，我们积极推进的是一个相当大胆的计划；我们不只是使出招数，静候事情发生。"

如果你是一名大企业型的引领者，你的领导力、管理能力、决策能力会使你在一个公司内部稳住领航人的地位，即使启发性的创意不是由你提出的。或许最初的点子是实验室里一个内部项目的早期原型，又或者是高管支持的、羽翼未丰的新业务团队。不管表现形式如何，从我们的经验来看，重要的是让管理层知道你想要这样的机会，所以一旦机会出现，你就会是他们的不二人选。

我们刚好在曾经提供过咨询服务的大型能源公司见证了完全相同的事例。我们团队发现了一个十分新颖、有前景的商业创意，但实现它需要有别于这家公司以往风格的创业型管理方式以及一套与团队会面临的挑战相匹配的衡量指标与才能。公司的 CEO 没有从公司外聘人，但从公司内部选用了一位有前途的高管——尽管她先前没有初创团队的工作经验，但在建新团队时能赢得其他成员的广泛尊重。她在公司内部的威信让她迅速组建了一支骨干团队。这些努力进而加速了商业创意市场落地的过程，提升了公司在很短的时间内将创意转化为价值几百万美元业务的能力。

企业内部的引领者也知道成功取决于为新业务招兵买马、组建团队的能力。然而，上级或同级同事有可能把能力欠佳的人力甩给引领者刚刚起步的业务；对于这种情况，引领者应当多加小心。引领者管理的业务有可能在同级同事中吸引大家的注意力，甚至导致嫉妒。但需要注意的是，引领者不是为了成为校内冠军而奋斗，而是为了在每个环节与外部的行业高手较量。引领者应当确保

团队汇聚了公司内外的人才，通过指导，他们能够在竞争中取胜。

无论引领者的舞台是创业公司还是大企业，他们都了解公司文化沉淀下来的原则和凝聚力具有强大的力量，危机时刻尤为如此。引领者应当使用这两类工具，吸引、鼓励、激发人才，一同为增长助力。

如果一些读者已经对坐着看别人拿着演示文稿做演讲感到厌倦，特别是在听完一些视觉效果突出的 TED 风格演讲之后，那就可以来认识一下彼得·阿尔维（Peter Arvai）。他是一名混合型创业者，具有引领者和改革者的性格特征；他参与创办了拥有 7500 万用户的 Prezi，为包括许多 TED 讲者在内的用户提供丰富的软件资源，让他们能更生动、有效地展示自己的想法。彼得的父母分别是瑞典人和匈牙利人，想到他的成长经历，他说："'创业者'这个词从来没在我的词典里出现过。"

在各种各样的项目及业务中，"结合叙事和技术，帮助人们更好地做决策"这一使命始终鼓舞着彼得。他兼具改革者的痴迷与引领者的专注，把若干办公室、来自 28 个国家的员工聚集起来，创造了一种原汁原味、独具一格的合作文化。他说"目标能指导我做事情"，并使其与"中庸"的领导及管理风格保持一致——给团队耐心与支持，同时挑战、推动他们抵达新的高度。

实践中的引领者

21 世纪，如果你想赢，必须懂得赋能。

——马云，阿里巴巴

马云是阿里巴巴集团的主要创始人。他在家中聚齐了 17 名好友，并一一说服他们投资自己的创意，而这就是之后全球最大的电子商务网站的由来。经过 15 年的不懈努力，在集团上市前夕，马云对公司员工说："我们上市之后，会继续恪守'客户第一、员工第二、股东第三'的原则。"

马云明白成功的对立面是什么样的滋味。他回忆道："在被我家乡最差的大学录取之前，我落榜过两次。"获得英语本科学位之后，他应聘过包括肯德基在内的 12 家公司，统统被拒。最后他终于找到一份学校老师的工作，一个月只赚 12 美元。

许多人认为马云是一个失败者，但事实上他拥有比考高分重要得多的天赋。他说："在我的大学里，我被选为学生会主席，之后又成了全市学生联合会的主席。"所以尽管经历了两次创业失败、名下没有累积任何财富，他依旧能说服朋友，继续参与他的事业。

引领者非常擅长赋能于身边的人。如上文提到的，他们更相信团队的力量，而不是个人的能力；他们可以利用外向型人格的天性赢得诸多好友以及追随者。他们拥抱合作和实验，并且能持续寻求反馈。

这些建造者能游刃有余地运用管理者的权威、形象以及校园社团式的风格鼓励他人，成就公司的利益。马云说："在 21 世纪，你必须懂得赋能。只有这样，其他人才能喜欢你、尊敬你，因为你重视他们的人生。"

客户要素：将客户转化成合作伙伴

引领者可能不会直接或执着地说服客户接受他们的创意、解决方案或者使命，就像驱动者、探索者、改革者那样。这三类创业者把客户看作产品验证点。当然，如同所有创业者，引领者也重视客户，但更多的是了解商业模式，从市场中创造、获取价值。让我们看看引领者在业务规划时会怎么做。

"把供应商变成投资人，然后收购竞争对手。"

在商业建筑行业，苏里·苏利亚库姆那（Suri Suriyakumnar）已经从事一系列建筑蓝图公司的收购业务长达 15 年了。这个行业的价值一度以提供服务以及氨纶染色纸的建筑设计为主，然而现在也在向数字时代转变。苏利亚库姆那是一位典型的引领者。他利用务实的商业技巧，识别出一系列问题——这些问题是实体建筑蓝图无法解决的，而他的团队以及关系伙伴可以着手解决。

引领者比较擅长恪守公司的愿景，带领公司上下不断追求。苏利亚库姆那的公司受邀为一家价值 80 亿美元的澳大利亚建筑公司准备一份建筑提案。阅读了具体的需求建议书之后，他和团队决心放弃这个项目，因为他们感觉客户选择了错误的解决方案。这个决定吓到了潜在客户，客户因此选择另外一家供应商。几个月之后，这家公司的 CEO 给苏利亚库姆那打电话，问他为何没有提交提案。苏利亚库姆那解释道，他认为公司完全理解错了要解决的问题：为了得到更多的平庸建筑蓝图而压低价格，是非常不合理的。

吃惊的 CEO 此前从未被供应商拒绝过，他邀请苏利亚库姆那飞到澳大利亚当面聊清楚。仔细听完 CEO 对商业模式的描述后，苏利亚库姆那运用了他自己实用的商业逻辑。他解释称，对于一家国际化的建筑公司，额外创作只使用一次就在储物设施里存放十几年的模拟建筑蓝图不是一个长久之计。相反，他们应该将所有建筑方案电子化、实现云存储，这样这些信息可以在建筑物的整个生命周期中被随时使用，也可以帮助之后翻新或拆除建筑物的建筑公司。苏利亚库姆那和团队最终拿到了这个案子，相比按照客户要求原封不动地完成需求，他们成功地与客户建立了更深的合作关系。

引领者知道"倾听至上"的力量，这种本能让他们更加得心应手地面对客户及员工。这样做不但能说明他们在听客户或员工表达，还能让解决方案与策略自然而然地从交流中产生。引领者让人们有被尊重的感觉。他们懂得投入倾听能换来承诺，把客户转换成合作伙伴。引领者的做事方式有时胜过驱动者的产品能力、探索者的解决方案魔法甚至改革者的神圣使命。

投资人要素：集结资金及其他支持

从许多方面来看，引领者都像是投资人最喜欢的儿子或女儿，尤其那些带领着优良团队而不只靠创意或市场的引领者更会让投资人青睐。引领者的创业者性格中有经历沉淀下来的智慧，让他们能组建、激励团队，建造创造伟大价值的公司，实现大部分投资人的梦想。引领者很在意维护与投资人的信誉，好似每个人都应该来自"索证之州"——密苏里州。

乔治·麦克劳林（George Mc Laughlin）是一位十分成功的连续创业者、天使投资人，现在是美国特色食品公司（American Specialty Foods）的创始人及董事长。如许多引领者一样，他聚焦当下，而非可能发生的事情。说到财务预测时，

麦克劳林说:"我刚开始工作的时候,跟自己说'我绝不会看预测的损益表'。这些信息看上去很详细,让人们过度相信,而真正的业务从来不会那样展开。"

下一部分展现了引领者的实用主义以及追求一致利益的天性。他们带来的深度信任甚至能把供应商变成资本的来源。

"把供应商变成投资人,这样你就能收购竞争对手了。"

建筑蓝图行业由上万家地理位置分散的小公司组成,大部分都是由最初的所有者经营,这些人差不多已经到了退休的年纪。因为基本的商业模式及核心的技术逐渐过时,尽管有稳固的区域性客户网络,大部分小公司的所有人还是面临十分有限的盈利前景。

苏利亚库姆那反而看到了一个机会:收购这些小公司,提升业务规模,提高运营效率,利用区域优势为国家级建筑公司服务。他同时看到了给这些公司升级管理技能及整体职业能力的机会。他发现,提升后的效率可以很快地转化为利润,扩大后的客户区域可以促进收入。然而挑战有二:除了要说服所有人卖掉公司之外,他也需要有足够的资本。

苏利亚库姆那意识到他或许可以同时解决两个难题——降低供应成本,然后获得实现收购策略的资本。对于一个仍然依赖纸张的企业来说,纸是最大的单一支出不足为奇。苏利亚库姆那带着如下建议,去西海岸与他的纸张分销商协商:"我可以给你 3 家不同蓝图公司的全部纸张需求。你拿到这些客户需求、从你的竞争者那里抢走订单之后,你就会成为行业里最大的分销商。而我需要你出资,帮我完成 3 笔收购。"

经过协商后，他以 9 折的折扣价换来了一份 3 年的合同，利用了供应商兼投资人的购买力。引领者就是这样创造价值的。他们会认准创造价值的机会，利用关系及沟通技巧，就这样凭空创造出大量的价值。

引领者追求策略上的统一与双赢，而驱动者更会视之为零和游戏，即一个人的成功就是别人的不幸。探索者的方法也与此不同，他们更会被系统和运行机制吸引，而不太想双赢。与引领者相似的改革者也愿意在整个生态中寻找一致要素，但推动其实现的一般是使命感而非经济利益。

规模要素：提升业务

引领者具备极强的能力，可以预见并应对规模要素带来的挑战。他们是实用主义者，大部分情况下不会对产品、解决方案、使命有过度迷恋。这并不是说引领者做什么都靠即兴发挥，他们会经过深思熟虑才做决定。

引领者愿意升级体系、步骤、技术，淘汰表现不佳的人，一切都是为了追求增长。他们把文化视为关键机制，通过建立文化将使命转化成切实可行的任务，并且从情感上激励大家不断追逐目标。通过吸引他人、用清晰的使命及远见指导他们、基于清晰的责任感及相应的问责制建立透明直接的关系，引领者就能把个性印在公司与组织中。换句话说，文化对于你不只是一个加分项，而是整个企业规模化的平台。

"我会观察人们的生活方式，衡量他们的价值观，然后决定是否聘用他们。"
在这方面，Thirty-One Gifts 公司的创始人兼 CEO 辛迪·门罗（Cindy

Monroe）就是一位典型的引领者。她创业的起点是在田纳西州查塔努加与教会朋友的某次讨论。他们认为，如果每个月能帮朋友多赚 200~300 美元，养家的挑战就会小许多。门罗就做了一个手提包，她的朋友和其他教会女性一起办了一次聚会，看有多少人会购买这个手提包。公司的名字受到了圣经的启发，源自互相帮助的简单想法。这门生意马上就要达到 10 亿美元的销售额，每年有 10 万名女性组织类似的聚会。

在门罗尝试扩大这个大型业务的过程中，她的管理技巧经常受到挑战。最大的挑战之一发生在她成立公司的第 4 个年头，当时她意识到需要更精通零售的员工团队。她把公司从查塔努加搬到俄亥俄州的哥伦布。她对早期员工的投入与奉献非常多，以至于 20 多个家庭因此搬到了俄亥俄州。

带着明确的使命与整合之后以团队为基准的绩效预期，门罗很快发现，有一部分颇为敬业的员工缺乏提升业务规模的基本能力。她解释道："早期我们雇用了一些朋友，他们能帮助我们推进业务；但随着业务不断扩大，我们需要不同的技能组合，必须鼓励我们一些很亲密的战友接受事实。"简而言之，团队为先，但不能以牺牲绩效为代价。

门罗又解释说："我会了解人们的生活方式、做业务决策的方法，衡量他们的价值观，然后决定要不要雇他们。"她的业务越来越依赖与公司使命高度一致的总部团队。这种方式对她和公司的大多管理者似乎较为奏效。

"'我们'比'我'更强大。"
安可公关的引领者玛杰丽·克劳斯是这样描述她如何进行业务规模化的：

"如果你相信文化的力量，就必须要做实事，保护它。你必须雇用正确的人。你必须确保他们明白公司的价值并且始终践行。你可以走进世界各地的安可办公室，一样的文化会立刻包围你。人们辞掉好工作、加入这家公司，因为他们看到了完全不同的东西。做到这一点，每个人都要信任一套共通的价值观——'我们'比'我'强大。"

这就是引领者的观点。如果你是引领者，你向团队灌输的文化价值能帮助你达成目标。一种协作性强的文化让你雇用、赋能于他人，以一个其他方法可能无法达到的速度扩大公司规模。这是取得成功的关键因素之一。

引领者的天赋与不足

引领者通过发现并利用以常识为基础的商业机会（尽管有时不是他们自己提出的创意）开始创业的旅程，并且不会排挤自己的团队。在这方面，引领者与驱动者和探索者不同——后者会相对自我地对待商业成功与系统性的解决方案。引领者比较会避免冲突，从而加强对人和团队的关注。然而，在快速变化、竞争激烈的市场，这种倾向有可能会让公司处于较为脆弱的地位。

以下是引领者的天赋与不足。

◎**组建团队，赋能于人：**引领者很熟悉如何激励团队。他们运用倾听技巧，洞悉其他人承担责任、有责任感的方式，巧妙地将对的人安排在相应的职位上，最大限度地发挥他们的才能。我们在玛杰丽·克劳斯组建安可团队的例子中，看到了她以独一无二的合作方式为客户提供服务。克劳斯善于培养、整合不同的技能，最终使她带领的安可公关一直处于市场的领先地位。

◎**统一愿景，管理团队**：引领者最有效的工具之一就是清晰并连贯地执行基于愿景的团队管理，团结内部团队、外部供应商及客户。保罗·吉尔伯特创立并扩大 MedAvante、苏利亚库姆那联合供应商的投资收购建筑蓝图公司的故事都告诉我们，愿景统一十分关键。

◎**强制执行用人决策的意愿**：引领者会坚定地剔除绩效不佳的员工，这样做可以进一步赋能于团队。在创建 Amicus 的过程中，约翰·克劳利意识到团队的人员安排不对，就采取了这样的做法。在 Thirty-One Gifts，即使某些团队成员是她的好朋友、一路从查塔努加来到哥伦布，当她发现这些人不适应公司下一篇章的发展，辛迪·门罗也毅然地使用了同样的方法。

◎**过度依赖共识**：引领者面临的一个挑战是到底能赋予团队多大权力。在快速发展、需要迅速且果断决策的市场，这种挑战的破坏性尤其大。虽然克劳利是避免这种陷阱的正面例子，但许多引领者却会等待太久才采取行动，因为他们看重共识，只有达成共识才能让他们安心行动。大企业的引领者尤其会受到这种挑战的影响。

◎**离实际行动太远**：放权与和客户、竞争对手、市场脱节之间存在一条微弱的界限。引领者居于幕后的风格可能会使他们远离前线，而与此同时，公司和竞争对手却在解决真实的客户需求、为这些需求开发解决方案。

◎**对循序渐进代替发明创新的默许**：虽然引领者敏锐地察觉到能够服务或扩展现有客户关系的下一个商机，但很关键的是，引领者切忌让团队总是最低限度地满足客户要求，在频繁变化的市场尤其如此。瞬息万变的市场需要更大胆激进地追求创意。

　　所以该如何提升引领者的综合执行力？以下是引领者可以考虑的六个方法，具体选择取决于个人是想发挥优势、补足劣势还是两者兼顾。

利用"强化与弱化"的策略，成为更强大的引领者

　　在已经成熟的团队中，敏锐地挖掘下一个会脱颖而出的人： 引领者的建造能力十分依赖有才干、受到引领者和公司愿景鼓励的团队成员。克里斯·德莱斯（Chris Dries）是美国联合碳化物公司（United Silicon Carbide）的引领者和CEO，开发并生产环保产品所需的高能效硅晶片。他聘请工程副总裁的故事说明了引领者的伯乐属性，正如他所说，这位工程副总裁是"我职业生涯中遇到的最优秀、共事最愉快的人，很难解释这个人在业务早期阶段带来了多深刻的影响"。

　　德莱斯邀请这位高管跟德莱斯的新团队见面聊天，当时这位高管还在一家上市公司管理工程部门。这样做体现了德莱斯打造的开放、诚实的企业文化。在与德莱斯和他的团队度过了一个紧张的周末之后，团队价值观打动了这位才华满溢的工程主管。他不仅加入了团队，而且在公司下一轮融资中自己出了一大笔钱投资公司。在聘用人才方面，德莱斯目标高、挖人能力强，这就是引领者一种无价的技能。

　　与他人分享引领者的角色，言传身教领导能力： 引领者直接、诚实，沟通始终如一，当之无愧是所有创业者类型中执行力最强的人。他们有清晰的目标与期望，将权力与责任赋予团队具体执行。引领者很自然地便具有这种领导力，其他不能自然地有此做法的人能从引领者身上学到许多。引领者可以考虑从组织的不同层级挑选一些人，把他们带在身边，就像教学生一样示范给他们看。

除了言传身教的方法之外，引领者还需要在一些细节上提供更多解释、与学徒交流想法。引领者可以让学徒做一周的影子练习，或许还可以让他们在会议中拥有一席座位，在引领者的监督下锻炼引领技能，即"会议引领者训练"。虽然引领者的领导技能独一无二，但有些技巧可以通过结构化情境、注重协作力领导技能的培训传授下去。

当然，引领者是在做生意，而不是办商学院。但领导风格是引领者可以利用的资源，进而创造价值、提升价值与资源——更准确地说，相比其他创业者类型，引领者能释放团队成员潜在的创造才能。

避免用倾听与建立共识的双重强项迷惑团队："'我们'大于'我'"的默认风格能开启创造力和投入感的宝库，激发未来创新，创造更包容错误与失败的环境。然而，一些追随者可能会误解引领者的耐心倾听和对共识的偏好，因为这是他们没有准备好在有必要的时候做出艰难、不愉快的决定。

团队如果只看到引领者柔软的一面，而当情况要求引领者伸出铁拳时，团队可能会感到惊讶或者幻想破灭。引领者需要确保团队理解为何采取较为强硬的策略，否则这样做会使团队困惑，甚至吓到他们，使他们变成引领者并不想要的沉默顺从。

大多数情况下，共识是件好事，但也有例外：虽然达成共识的能力可以加强引领者的领导力，但有时他们必须独自应战。然而正在这时，引领者可以利用累积起来的信任，事后赢得反对者的支持。正如前文描述的，约翰·克劳利需要做的就是用在孩子病房里孤独时分想到的方法，给公司重新定向或让公司从头再来。

引领者的共识管理风格可能十分强大，但需要针对复杂问题快速做出决策时，这样的方法可能会产生问题。想一想黑莓（BlackBerry）和诺基亚（Nokia）为各自的优柔寡断付出的代价，这两家公司都像猎物一样被迎头而来的苹果刺中。即使在发展缓慢的市场，就像不可抵挡的胶片摄影数码化，以自满与自信为动力的共识文化也有可能是致命的，就像柯达（Kodak）和宝丽来（Polaroid）所经历的。危机与共识常常是矛盾的。

朱恩·莱斯勒（June Ressler）创立的 Cenergy International Services 是一家位于休斯敦的人力资源及咨询公司，主要服务于能源和海上钻井行业。作为一个引领者，莱斯勒就是许多人的榜样。她告诉我们，她不喜欢依赖书面版的销售报告："很有意思的是，我的大脑不喜欢那样的方式工作。唯一让我觉得舒服的方式就是，每个周一早晨从八点半到九点半，听我们销售打电话。我一般会一边开车去公司，一边听他们的电话。在车里的时候，我跟自己说：'这次什么都不要讲了。'但是每次我都忍不住问：'啊，顺便问一下，你是那样做的吗？'你懂的，我控制不住自己。"所以有时，就连重视共识的引领者也不能抵抗扮演一下驱动者的角色。当然，莱斯勒这样做也不例外——创业之前，她是一名执业律师，业余时间会以每小时 200 英里（约每小时 322 千米）的速度参加 F4 赛车比赛。

鼓励团队看得更远，不止步于循序渐进：引领者重视实效，专注于接下来的发展，这使他们在许多方面都能取得稳定的进步。但如果基本业务、业务模式或技术停滞不前甚至有所衰退，渐进主义可能会滋生出一种不自觉的自满和错误的自信。

并不是所有团队成员都拥有破解并整合市场新信号的技能、洞见和勇气。时间带来的限制会阻碍团队加速、考虑选项、最终做出决策。但引领者承担了领导的角色，不仅要为自己仔细观察，还要注意并追踪那些导致失败的"原力干扰"，如《星球大战》中的欧比旺·肯诺比 (Obi-Wan Kenobi) 所言。这就意味着无论引领者从内部圈子里得到了什么情报，引领者要走出办公楼，与客户见面，调研地理位置上或竞争关系上靠近自己的对手和初创团队。

以保罗·吉尔伯特的例子来说，他意识到必须避免陷入自鸣得意的陷阱，于是整合队伍，做出令人惋惜、赌上公司命运的引领者决策。他的公司一直完全致力于评估新型精神药物的药效，虽然有一些让人心绪不定的放缓迹象，但这一治疗领域一直有利可图。吉尔伯特决定将稀缺资源用于开发临床测验方案，评估治疗新型阿尔茨海默病药物的药效。讲到回报，他说："我们差不多能稳住接下来绝大部分合同，因为虽然精神病医药行业在快速萎缩，但我们能冲进阿尔茨海默病的市场，这反而是一个发展中的巨大市场……如果我们没这么做的话，在默克（Merck，即阿尔茨海默病最早的药物承包商）之后，我们很有可能做不成现在的样子，因为精神病医药领域缩水太快、太大了。"

以身作则，刷新"信任之前先验证"的风格：引领者会本能地认为在组织文化中建立信任十分重要。他们明白最佳职场研究所（Great Place To Work Institute）（在《财富》杂志和其他出版物上发布"最佳工作场所"榜单的公司）指出的道理：无论是垂直的老板与下级，还是横向的同事，信任都是根基。假设引领者没有手把手与团队一起奋斗、时刻经营彼此间的联结关系，信任将很难建立，并且很容易失去。

虽然我们目前将大部分关注点都放在营利性的业务上，但创业者也会开启、发展非营利性的业务。对于非营利行业来说，组织的生存就像规模之于商业一样，是一个重要的衡量指标。如果从这个指标来说，引领者克里斯·比斯乔夫（Chris Bischof）创建了东区大学预备学校（Eastside College Preparatory School），并在经济挑战激烈的加州东帕洛阿尔托扎根 30 余年，他的创业模式就反映了团队活跃与投入的重要性。他很谦虚地称赞团队对学校不断扩大的使命抱有共同的热情，但他"团队为先，以身作则"的风格充分表明了一直参与一线工作的重要性："我认为，影响最大的领导者都会选择以身作则。你不能要求他人比你自己投入更多资源。在我看来，领导一个组织最有价值的一方面就是让团队一起做出承诺。我们通过经验不断学习，提出有创意的解决方法，尝试解决我们在实现目标时面临的种种挑战。我认为，让每个人都参与其中能够创造更有成果的工作环境和更好的解决方案，这要比单枪匹马好得多。"

很明显，这就是引领者的主张。

引领者可以考虑我们提出的建议，从这些观点出发，成长成更强大的创业者。每一个观点都是从我们分析、配合、投资许多引领者之后得来的。然而，成长机会对于每个人都是独一无二的。一般来说，引领者会有许多领导力才能，这些比较能在解决日常问题上提升团队协作与表现，但正如我们在每种创业者性格中看到的，每种性格特点都有各自的不足。如果你是引领者，你的个性会推动循序渐进的进展，而不是跨越式的增长。我们鼓励考虑第九章中的建议，成长成一个更强大的创业者。

引领者蓝图

性格档案

组成因素	详细描述
动机	通过释放个人与团队的生产潜力，打造持续产出价值的企业。
决策	平心静气，关注增长； 对于使命、愿景和先前的个人投入，保持谨慎且一致。
管理策略	对个人及团队，在沟通与期望管理方面，直接诚实且从一而终。
领导力风格	在确定清晰的目标及期待之后，赋能于人，同时坚持以诚实和透明为基础的核心原则； 把共识当作主要推动力。

天赋（优势）

- 善于组建团队，赋能于人
- 管理团队、统一愿景的能力
- 强制执行用人决策

不足（劣势）

- 过度依赖共识，行为不够果断
- 居于幕后，离实际行动太远
- 循序渐进可能无法满足快速变化的市场

增长策略

增长要素：驱动者的优点与缺点

解决方案：将想法转化成产品

　　+ 注重实效

　　− 倾向于把循序渐进的进步当作创新的替代品

团队：汇聚个人才能，释放集体影响力

　　+ 善于给团队赋能

　　+ 能做出艰难的人事决定

　　− 可能过度依赖共识

客户：将客户发展成合作伙伴

　　+ 持续输出价值

　　+ 透明直接

　　− 不能持续地输出创新

投资人：联结投资及其他支持者

　　+ 稳定地输出成果

　　+ 招聘、管理、领导强大的团队

规模化：提升业务规模

　　+ 组建强大的团队

　　+ 关注执行

　　− 可能会错过市场转变

如何成为更强大的引领者？

- 在已经成熟的团队中，敏锐地挖掘下一个会脱颖而出的人
- 与他人分享引领者的角色，言传身教领导能力
- 避免用倾听与建立共识的双重强项迷惑团队
- 大多数情况下，共识是件好事，但也有例外
- 鼓励团队看得更远，不止步于循序渐进
- 以身作则，刷新"信任之前先验证"的风格

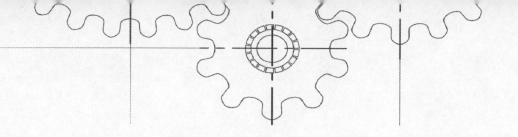

PART TWO

组建最棒的增长团队

找到能让你最大限度地发挥创业者
性格的人

本书详细分析了打造基业长青业务的核心要素，即创业者的性格。但每一位成功的创业者都需要很多支团队，每支团队都有自己的角色、资源和要求。以建造实体建筑为例，创业者可能需要一支团队负责挖掘地基，还有分别负责结构工程、电线工程和管道工程的团队，以及专门负责融资的团队。打造一项大规模的事业其实没有根本上的区别。没有任何商业创业者能独自一人创造出基业长青的重量级企业。毕竟，光有企业家也成就不了一家企业。

创业需要人才和资源之间的协同配合。在本书的第二部分，我们为每种创业者性格给出了量身定做的建议——针对共同创业者（如果你选择合伙经营的话）、关键员工、主要投资者或行政支持者这几种能为你的事业带来重大影响的个人，你应该如何挑选他们，并更高效地与他们共事。

这里的重点在于创业者和团队之间的匹配——这种关系可以最大限度地为你的创业者性格扬长避短，并帮助实现你和你的团队所期望的最高事业成就。分不清忠诚和能力的创业者，或者只懂得阿谀奉承而不会真正协作的团队成员都将无法实现价值。

接下来的三个章节提供了如何建立良好协作关系的实用指南。在第五章，我们会先从你最重要的个人选择着手——你是否应该选择一位共同创业者，以及如何与你的共同创业者一起迎接创业的挑战。在第六章，我们会把焦点放远一些，谈论如何选择创业团队当中的其他关键成员。最后在第七章，我们探讨的是如何为你的创业计划和风格找到合适的主要外部投资者和内部行政支持者。第二部分由以下三章组成：

05　寻求共同创业者

选择最适合你的合作伙伴

06　组建你的团队

招募与你最具工作默契的员工

07　吸引最好的投资者

找到与你的性格相匹配的支持者

05　寻求共同创业者 ： 选择最适合你的合作伙伴

"这是我最棒的一次约会了！"这是 SoulCycle 的共同创业者朱莉·赖斯（Julie Rice）对她与伊丽莎白·卡特勒（Elizabeth Cutler）的第一次午餐会面的评价。她们当时正在探讨一种创新的室内健身俱乐部模式——让会员们在锻炼身体的过程中享受社交。赖斯讲述了她们的理念和合作的缘起："（伊丽莎白和我）谈到了建立一种全新的锻炼理念，能让人的身心同时得到提升的健身'体验'，而在此之上，我们还希望它是有趣的。我们讨论了时尚的设计、新颖的品牌设计，还有如何避开现有健身室让人感到厌烦的元素。我们在一张餐巾纸上写下了一个粗略的商业计划，并同意在下周再见一次面。我走到室外的时候还没回过神来。接着我叫了一辆出租车，在我还没来得及关上车门之前，我的手机响了，那是伊丽莎白打来的电话。'我准备找一个场地，你负责毛巾采购的事情。'5 个月后，我们就开业了。"

她们各自的丈夫也参与进来了，其中一位成了她们的首席营销官，另一位构思了品牌的名字。时间快进到 9 年后，这两位共同创业者在 2011 年把

SoulCycle 高价出售给了 Equinox。到了 2016 年,这家公司已经拥有接近 90 个场地,以及超过 40 万位会员。

赖斯就像一位引领者,她把自己和卡特勒的成功归功于她们的差异和协作:"我们是完全不同的两个人,却刚好能产生巨大的商业化学反应。我性格保守,不爱冒险,伊丽莎白是一个充满胆识的人(也就是驱动者)。如果你们能承认自己的强项和弱项,并接受自己在组织中的角色,那自然就不会出现互相干涉或者傲慢自大的问题,而且各种事情都能更高效地运转。"

开创事业从来就不是一件容易的事情,更不要提打造一家基业长青的企业了,这通常还是一个孤独的过程。因此许多创业者(可能包括你在内)选择与伙伴一起前行也是可以理解的。但当你做出这个决定的时候,你们就相当于把各自的创业者性格问题摆上了台面。

下面是一份部分成功共同创业者组合的名单:

苹果:史蒂夫·乔布斯与史蒂夫·沃兹尼亚克

微软:比尔·盖茨与保罗·艾伦

本杰瑞:本·科恩与杰瑞·格林菲尔德

英特尔:戈登·摩尔与鲍勃·诺伊斯

宝洁:威廉·普罗克特与詹姆斯·甘布尔

爱彼迎:内森·布雷查兹克、布莱恩·切斯基与乔·杰比亚

谷歌:谢尔盖·布林与拉里·佩奇

Rent the Runway:珍·海曼与杰妮·弗莱斯

Warby Parker:尼尔·布鲁门塔尔、戴夫·吉尔伯特、安德鲁·亨特与杰

弗瑞·雷德

Pinterest：本·希尔博曼、埃文·夏普与保罗·夏拉

EventBrite：茉莉亚·哈尔茨与凯文·哈尔茨

惠普：比尔·休利特与戴夫·帕卡德

这些创业者合作关系跨越了不同的行业、种族、性别和文化。共同创业者之间的关系既脆弱又强烈，本章要探讨的是这种关系可能产生的好处与弊端。共同创业者关系的建立强调理解和尊重的重要性。具体来说，我们会讲解如何处理三个重大问题：选择合适的共同创业者，与共同创业者合作，确定共同创业者之间可能会出现的矛盾。

另一种形式的婚姻

在深入了解自己的未来配偶之前，人们一般不会冲动地步入婚姻——他们会先做到在重要的事情上达成一致，互相信任，对婚姻有共同的目标，同时能够应对和解决争执。对于创业者来说，他们需要接受这样一个现实：尤其是在创业的早期，他们在醒来以后与共同创业者相处的时间要比自己的配偶更多。而且从幸福的角度而言，这种商业联姻甚至要比家庭婚姻更长久。但无论是何种婚姻，当事人在结合时肯定不希望以后会分离。因此对于你的个人心理健康和事业成功而言，了解自己的共同创业者（他或她的天赋、缺陷、目的、怪癖、性格）是一件非常重要的事情。

你跟自己的潜在搭档有在高压环境下共事过吗？你们从高中开始就是好

友吗，正如比尔·盖茨和保罗·艾伦，本·科恩和杰瑞·格林菲尔德，霍华德·勒尔曼和他的划船队友？可能你们是在大学或者研究院认识的，就像谢尔盖·布林和拉里·佩奇，或者珍·海曼和杰妮·弗莱斯一样。或者像比尔·休利特和戴夫·帕卡德那样一起在野外露营度过两周。也许你们拥有亲密无间的工作关系，正如皮克斯和英特尔的共同创业者那样。或者你们只是碰巧一起吃了一顿午饭（SoulCycle 的联合创始人就属于这种情况），然后感觉自己应该能跟对方合得来，又像是 Kayak.com 的两位共同创业者保罗·英格里希（Paul English）遇到史蒂夫·哈夫纳（Steve Hafner）那样："虽然史蒂夫和我有很多共同点，但我们擅长的技术也很不一样。不过我们都发现对方有一种进取和专注的精神，然后觉得，'哇，如果这两个如此激进的联合创始人在一起共事的话……'"

最后，对于 Forever 21 的张金淑（Jin Sook Chang）和张道远 (Do Won Chang)、Clif Bar 的加里·埃里克森（Gary Erickson）和吉特·克劳福德 (Kit Crawford)、Eventbrite 的凯文·哈尔茨和茱莉亚·哈尔茨 (Kevin and Julia Hartz) 来说，共同创业者关系就是一段真正的婚姻。

无论你用什么方式遇到了你的共同创业者，你最好已经充分了解、尊重和信任你所选择的搭档。这种关系是建造你们的事业的基石，而且如果幸运的话，这段关系能够一直维持，甚至愈发深厚，无论这项事业是否能取得成功。但是要建立起这样的关系，共同创业者们需要认真考虑我们在这本书讨论的创业者个性问题。

这些创业者关系在其他方面也与婚姻有所相似。婚姻的目标不仅仅是步调一致，它的难点是在互相尊重的基础上追求一个共同的目标。尽管你们可能有一些相似的能力和价值观，但是你们的技能最好是互补的，而且你们各自的决策权力需要明确。换言之，你的优点可以弥补对方的弱点，反之亦然——也就是达到"1+1 > 2"的效果。

共同做什么？

选择共同建造的决定会让人想起婚礼上的忠告："这项承诺不应轻易做出。"与其他人共同创业也是一个需要经过深思熟虑的事情。事实上，由于需要考虑的因素太多了，这个话题本身就足以另写一本书来讨论。

我们在这里并不是为了连篇累牍地讨论这个话题，而是以创业者类型的角度来探讨这样一个核心问题：共同创业者之间是否真正对等？这个问题的答案在于你打算如何处理四个关于管理和回报的关键要点：划分所有权、决策权、头衔和职责。

我们应该如何从创业者性格着手来考虑这四个维度呢？要记住，建立共同创业者关系没有一劳永逸的办法，不同领域适用的方法也不尽相同。

共同创业者之间应该确定自己对上述四个维度是否有相同的期望，我们接下来也会讨论更多的影响因素。权责界限模糊和缺乏相互理解往往会导致不稳定的关系，最终甚至会造成足以破坏价值和关系的裂痕。

划分所有权

每位商业创业者都需要想清楚如何划分公司的所有权。你应该把所有权分给谁？他们应该在什么时候以什么原因得到多少所有权？你要为未来的贡献者预留多少所有权？哪种所有权结构最适合你的规划？持股人应该如何获得回报？这些都是需要解答的问题。

弄清这些问题背后的具体数字固然重要，但除了强调划分所有权的准确性及客观性以外，我们也不能忽视这其中夹杂的主观情感。怎样才算公平？为什么公司里的这两个人会得到不同比例的股份？真正激励人们达到最佳表现的因素是什么，是股权、现金、头衔、认可、团队归属感，还是其他什么东西？这些都是作为创业者无论如何都要权衡的复杂问题，而且它们都没有唯一正确的答案。

你还需要考虑另外两个问题。首先，如果你是真正带领公司前进的创始人，不要以为你需要分出一半的所有权才能吸引到一位真心愿意助你创业的合伙人。你不需要毫无保留地透露所有信息，也能邀请一位为你排忧解难的共同创业者加盟。很多创业公司都能以远低于50%的股权引进顶尖的人才。

其次，你应该避免为不持久的价值（比如早期贡献技术或营销的联合创始人，他们在一段时间过后可能会失去对公司的热情，或者没有你所期望的能力）给出永久的回报，例如公司的所有权。无论你们的所有权是如何分割的，兑现双方的股份都能很好地解决这些问题。毕竟，最重要的是各自做出的实际贡献有多少可以持续的价值。

放下数字，把重点放在管理之上

共同创业者们该如何划分各自的管理角色、决策权和职责？谁负责决定重大的战略事项？在产生重大分歧的时候谁有权做最终决定？谁负责公司日常运营的哪个部分？这些问题的答案也许不能且没有必要完全反映在所有权的比例上。

有些共同建造组合是真正对等的——比如本·科恩和杰瑞·格林菲尔德、比尔·休利特和戴夫·帕卡德、威廉·普罗克特和詹姆斯·甘布尔。另外有的创业者会把自己最早期的追随者看成共同创业者。阿里巴巴就是这种模式的一个很好的例子，马云是一位典型的引领者，当初在他的杭州公寓里追随他创业的 16 位好友都成了他的联合创始人，但阿里巴巴的股权并没有被平均分为 17 份。

决策权对半分割的创业组合往往容易出现问题，无论他们是否采用联合首席执行官的头衔。他们的事业也会特别脆弱，即使他们起初都怀着最美好的期望。当一项事业刚刚起步，前景无限的时候，共同创业者都会对未来的可能性充满憧憬，也很愿意共同承担接下来的工作。但随着时间的推移，他们会认识到创业成功的艰难——他们要在战略和人员上做出艰难的抉择和牺牲，更不要提难以预料的市场变化和发现对方缺点的可能性——这些问题都能破坏早期的共同创业者关系。

完全对等的共同创业者关系是最经不起时间考验的，因为企业会根据市场和经营的现状不断调整方向。比如盖茨和艾伦、乔布斯和沃兹尼亚克，这些组合的关系都随着时间的推移出现了一定程度的恶化。但如果对等关系的双方都足够睿智和灵活，能够在协作的重大事项上达成一致，这种关系也能达到很好的效果。我们在后面会详细探讨这些重大事项——决策权，职责，使命、价值观和文化基础的统一，所有权——如何体现在更常见的非对等共同创业者关系之中，但它们在对等共同创业者关系中体现得尤为明显。

选择共同创业者：相近、互补还是相反？

创业者大体上可以选择一位个性相近、互补或者相反的个人作为共同创业者。下面是三个对应的例子。谷歌的布林和佩奇是一对彼此相似的组合，他们都具备改革者的远见和探索者的解决问题能力。盖茨和艾伦是互补的两人，至少在一段时间内是这样的——盖茨是一位执行力超强的驱动者，艾伦是一位探索者（乔布斯和沃兹尼亚克的组合也是如此）。但有时候相反的两人也能互相吸引，SoulCycle 和 Kayak.com 的创业组合就属于这种情况。

不同的组合都会遇到不同的挑战和机遇。相似的组合很容易会放大双方共有的优势和劣势。互补的组合可以达到不错的效果，前提是他们能清晰界定双发的权责。而相反的组合可能会使双方陷入互相拉锯的困局之中。在下一部分，我们将会研究不同的创业者关系可能产生的协同和冲突。

一切归于决策权

正如上文提到的，我们专注于讨论决策权，即在一段多方关系中，谁是最终做主的人。两个共同创业者的互相拉锯往往会招致失败，而且这种差异会在组织之中被放大，并阻碍组织的发展。不同的员工会站队其中一个共同创业者，最终导致内部派系冲突的产生。

共同创业者之间可以有多种不同的组合形式，图 5-1 展示了不同的创业者关系会如何反映五大增长要素。图中横轴标出的是主要决策者的性格，纵轴是共同创业者的性格。他们之间的互动关系是关键所在——因为每种性格的个人优势和行事风格的组合，再加上明晰的权责，将能发挥共同创业者的最大作用，或者相反——引起双方的冲突。

图 5-1　共同创业者的不同组合形式

我们为合拍的组合给出推荐的评价（拇指向上），给容易出现问题和冲突的组合给出不推荐的评价（拇指向下），一般评价是指需要特别注意才能达到良好成功的组合（拇指平放）。你的情况可能会跟我们总结的有所不同，但这个图指出了你应该与潜在共同创业者严肃诚恳讨论的问题。我们顺理成章地把对立补充（我们在前言给出的定义）的组合列为推荐，因为组合双方对比鲜明的优点和缺点可以形成高效而强大的共同建造关系。

下面是我们对每种组合的关键要点和建议的大致总结。在下面的组合中，前一个创业者性格为主要决策角色。

驱动者作为主要决策者

如果你是一个驱动者，你可能不愿意与其他人共同掌控方向盘。但如果你能担当最终决策的角色，并引入其他想法和风格更沉稳的创业者类型，那么这种关系就是对你有利的。你的挑战是能否让你的共同创业者最大限度地发挥自己的作用？

驱动者—驱动者（不推荐）：这种组合会比较容易出现冲突，因为驱动者都不习惯与其他人共享权力。顾名思义，他们是自我驱动、目标明确的一群人。他们很难与其他人分享自己对市场的敏锐触觉。如果你是一个驱动者，你能做出满足客户需求的产品或服务，并利用这种商业触觉带领公司前进和促进市场发展。你的个性会让你难以胜任次要决策者的角色。你对自身的关注有时会接近自恋。因此，如果两个联合创始人都有这样的倾向，这种组合很难谈得上合拍。驱动者的缺陷也意味着他们不善于捕捉微妙的信号和听取反对或不同的观点，无论这些观点是来自客户、市场、员工，还是投资者。与另一位驱动者合伙也难以弥补这个缺陷，反而会加重它。

驱动者—探索者（一般）：这对组合的成败取决于决策权的分配。如果作为驱动者的你能够把市场以外的运营决策交给你的二把手（探索者），他将能促进你们的合作关系，并推动公司的发展。探索者的系统思维可以高效地处理企业的运营相关工作，这些工作对于驱动者来说可能略显枯燥，但它们也是企业增长的重要支持。同样，擅长管理的探索者也要乐于接受自己作为二把手的角色——可以在特定的范围内做主，但不一定有最终决策权。考虑到这些因素，我们对这个组合的评价是一般，在某些情况下值得推荐。

驱动者—改革者（一般）：这也是一个具有潜力的组合，尤其适用于初期产品想法来自驱动者，而且改革者能够以前者的价值主张为使命激励客户和员工的情况。这种组合的双方都可以按照自己的偏好来行动，在理想的情况下还能做到互相补足。作为驱动者，你会倾向于钻研概念、市场和客户的问题，所以你也许无法带着使命感与你的团队沟通或者激励他们的士气。驱动者—改革者的分工合作可以带来一些切实的好处。你可以专注于企业价值主张的商业方面，而你的改革者搭档则负责利用使命感和目标感来激励客户和员工。在这些情况下，改革者可以帮助驱动者达到更高的创造力和生产力，但是这种组合还是需要在权力和风格上做出一些相互让步，所以我们为这种组合给出了一般的评价。

驱动者—引领者（推荐）：这种组合成功的可能性较大，因为驱动者需要一个能够带领团队提升生产力的副手，这样作为驱动者的你就可以完全专注于市场分析、客户需求和产品构思这些难以被你的团队欣赏的事务。引领者拥有理解和支持你的能力，而且可以为你默默打造一支团结的团队。由于这种组合的双方可以各取所长，所以我们给出了推荐的评价。

探索者作为主要决策者

只要共同创业者能够发挥自己的问题解决能力，探索者就可以很好地搭配其他创业者类型。但是有一个例外——驱动者，因为后者也有同样强烈的控制欲。

探索者—驱动者（不推荐）：这个组合非常容易产生冲突，因为作为探索者的你是一个事必躬亲的人。事实上，有人会认为你是控制狂。驱动者也非常需要按照自己的方式来做事。即使决策双方有着明确的决策角色分工，但是双方的控制欲很有可能会导致冲突。作为探索者，你可能在一些自身的弱项上需要一些帮助，比如文化和人才管理。因为这些也不是驱动者本来擅长的东西，所以我们并不推荐这个组合。

探索者—探索者（一般）：这是一对各有利弊的组合。好处是两个有着相似思维方式的探索者会比较容易合得来，在应对问题的时候，你们也能有共同的语言、出发点和处理方式。你们可能会产生冲突的点在于控制权。你们的创业者性格是最典型的控制狂。如果你是占据主导地位的探索者，你将需要放弃一部分的控制权，这样你的二把手才能保持工作热情和效率。在具备这些条件之后，这种组合是值得推荐的，但我们还是给出了一般的评价，因为主要决策者必须抑制自己本来的性格才能建立成功的合作关系。

探索者—改革者（推荐）：这对创业者组合比较容易融洽相处。如果你是担任主要决策角色的探索者，一个改革者可以让你专注于系统性地思考最能驱动企业价值的问题和机遇。因为这些一般来说都是业务和架构上的问题，这样改革者就会有充分的空间去施展自己更高的使命。这位比较温和与善解人意的搭档可以带来更忠诚和投入的客户和员工。我们推荐这个组合。

探索者—引领者（推荐）：与上一个组合的优势类似，这个组合也是十分值得看好的。作为探索者的你如果认可了其他人的能力，就会乐意让出权力，即使你也会监督对方的工作以确保自己的信任是正确的。引领者的长处是调动人力资源，为合适的人安排合适的角色和职责。作为探索者，你会更专注于解决棘手的问题。这个团队拥有不错的潜力，因此我们的评价是推荐。

改革者作为主要决策者

跟驱动者类似，改革者可能是成立共同创业者团队的最大受益者——只是背后的原因会有所不同。对于改革者而言，一个好的搭档将能把你的高瞻远瞩落实到执行层面。问题在于你的远见能否灵活适应另一种创业者性格，因为你的搭档可能会有跟你完全不同的领导和管理方式。

改革者—驱动者（不推荐）：这两种创业者类型的风格其实是比较互补的

（正如上面的驱动者—改革者组合）。然而，以改革者为主导的权力分配将很难达到成效。作为改革者，你可能会以同理心为出发点，利用你的使命感来鼓动追随者和客户。这种情况也会暴露你的一个弱点——你的理性有时候会让步于感性，促使你逃避做出一些影响增长的艰难决定。从理论上来说，驱动者可以补足改革者的这个缺点，但是改革者的敏感和同情可能会让驱动者失去方向，后者一般不愿意参与这些方面的事情——他们更倾向于把所有精力放在市场研究之上。因此我们并不推荐这个组合。

改革者—探索者（推荐）：因为技能互补，这也是一个潜能巨大的组合。如果要发挥这对组合的长处，那么双方都需要及早认识到各自的风格差异。作为改革者，你会比较外向，同时专注于组织的长远使命。所以你非常需要一位专注于企业实际运作的副手。可能会让你们产生摩擦的问题是你们对人才的看法和领导风格的差异。富有同理心的改革者有时会过度信任自己选择的人才，而探索者对员工的信任更多是建立在自己的理性和对方的能力上。当然这些差异在理想状态下是互补的，但是这里存在的风险是你们可能会选择各自偏好的追随者，然后导致企业文化出现割裂。反过来，如果你们都能认识到这个潜在的矛盾，并主动克服它的话，这对组合会有不错的前景，所以我们给出了推荐的评价。

改革者—改革者（一般）：这个组合的风险在于没有人专注于细致的企业运营工作。作为改革者的你会更擅长于大局观，因此一位更重视细节的副手会带来更大的好处。如果你能请到这样一位擅长实际运营的搭档，你们会有美好的合作关系，否则这对高瞻远瞩的组合将不太可能迅速发展一家公司。因此，我们只能给出一般的评价。

改革者—引领者（推荐）：这对创业者组合可以合作无间。作为改革者，你需要的是一个擅长执行的人，引领者可以胜任这个角色。改革者和引领者都非常重视人才——前者会运用自己的同理心并向员工赋予使命感，后者相信让合适的人做合适的工作可以实现组织的效率和目标。这对分工明确、密切合作的组合值得我们给出推荐的评价。

引领者作为主要决策者

引领者应该是最能与他人和睦共事的共同创业者——这也是顺理成章的，因为你擅长协作和建立共识。引领者这种牺牲小我，成就大我的领导风格并不意味着你没有自己的想法。作为引领者，你往往会更重视让同事们一致认可你的想法，而不是参与到团队讨论之中。这也是我们在下面给出不同评价的原因。

引领者—驱动者（一般）：这个组合其实是值得推荐的，但前提是其中的驱动者需要比较年轻，或者愿意放弃成为主导者，以一种低姿态参与进来。作为引领者，你是天生的领导，知道如何激励每个团队成员，并最大限度地发挥他们的潜能。你或许能为许多驱动者提供他们所渴望的共同归属感，从而让他们达成市场影响。由于引领者倾向于把细致的执行工作分派给其他人，所以你可能会把商业化的问题交给你的驱动者副手负责。反过来说，如果跟你合作的驱动者有着跟你相仿的年龄和资历，那么这个组合就有可能会遇到各种问题。

作为引领者，你会期待自己的副手能够按照以人为本和团队赋能的原则运营公司，但这两点都不是驱动者的天赋所在，所以我们只能给出一般的评价。

引领者—探索者（推荐）：跟前面的探索者—引领者组合类似，这个组合也因为双方的性格互补而有不错的前景。作为引领者的你可以巧妙地激发其他人的才能，而且不太倾向于处理日常事务，而这恰好是探索者的强项，他们喜欢利用自己的系统性思维和事实来运营实际事务。如果说这对组合会遇到什么挑战的话，那应该会体现在你们各自对待员工的态度上。引领者会高度重视团队赋能，而探索者会倾向于划清不同角色之间的界限，确保系统不会出差错。与探索者合作，你将能得到一位得力的运营副手，而在理想的情况下，你还能教会对方如何通过放开界限和赋能来释放他人的潜能。我们推荐这个组合。

引领者—改革者（推荐）：这也是一对能够实现互补的组合，所以应该也能有很好的合作效果。作为引领者，你会放心把权力交给擅长相关事务的副手。改革者既能为企业带来自己的使命感，也不需要担起自己不擅长的运营工作，因为引领者可以把这些重要职责交给其他人。这个组合值得推荐。

引领者—引领者（一般）：这里我们认为太多共同点会让双方的缺点更为凸显，所以这个组合可能会比较容易出现冲突。跟其他相同类型的组合不一样的是，这个组合的问题一般不是体现在个人冲突之上，而是作为引领者，你们都会倾向于解决眼前的问题，可能会缺乏一些大局观。双引领者的团队可能会错过市场的变化，在瞬息万变的科技行业尤其如此。这种出现严重问题的可能性让我们只能给出一般的评价。

我们对共同创业者组合的总结是：只要将两个强势、好胜、自信的个人放在一起，他们之间自然会产生冲突。共同创业者组合可以做到合作无间，但前提是个人和组织的决策权和主要职责范围都要划分明确。在组成搭档之前，双方应该先深入了解两种创业者性格的优缺点，这样才能实现更高效的沟通和协商。

"1+1"是加法，但"1+2"是乘法

共同创业者关系可以有很多不同的排列组合方式，可以是二人组合，也可以是像 Warby Parker 和 Pinterest 这样的多人团队。有时候，联合创始人的共同创业热情只能维持较短的一段时间，当业务的发展路线明确下来之后，有些创始团队的成员可能会失去兴趣，最后只剩下一两个人继续坚持。

我们的经验和研究表明，数量越多的共同创业者越有可能会让工作变得更复杂，但是更多的决策者也许更容易避免出现难以调和的僵局。所以如果你对三人或多人的创业组合感兴趣，你也不需要完全排除这种可能性。同时记住我们的建议，股份兑现可以解决很多问题。

爱彼迎（Airbnb）的三人创业组合

两位设计师和一位工程师走进了一家酒吧……好吧，事实上他们已经在其他地方见过面了，他们从这些早期讨论中重新思考了酒店住宿和沙发客体验可以如何被颠覆。驱动者乔·杰比亚（Joe Gebbia）和改革者布莱恩·切斯基（Brian Chesky）拥有酒店业和设计方面的经验，而探索者内森·布雷查兹克（Nathan Blecharczyk）则负责编程工作。在他们的合作之下，爱彼迎开辟了一个私人居住空间租赁的全新产业。

"这是极其罕见的，我认为我们大部分的成功来自这个创业组合，"布雷查兹克说道，"因为各自的背景不同，我们看待事物的方式非常不一样，我们发现这其实是一项宝贵的优势。有时候我们需要花更长的时间才能达成一致的观点，但只要我们投入了精力去做这件事，我们就能想出绝佳的解决方案。"

无论你想纳入多少位共同创业者，我们还是建议你专注于最基本的团队单位：两位具有创业者性格的个人。如果你能在这种组合下做好，或许你已经准备好挑战三人、四人或其他更复杂的组合。

接下来做什么

如果你正在考虑建立共同创业者关系，我们建议你先认真确定你想要怎样的合作关系（"共同做什么"的问题），然后了解双方的动机、决策模式以及领导与管理风格。

如果你们还没有确认自己准确的创业者性格，你们可以先前往我们的网站 www.builtforgrowth.com 来完成一个测试。然后你们可以坐下来比对双方的创业者类型是互补、相近还是排斥，并了解双发在遇到不同的问题时能否达成一致。这些话题有助于展开更富有成果的讨论（这可以看成开始合伙创业之前的一种仪式），这样可以让你们在创业过程中最大限度地发挥双方的能力。

先沟通，再协商

很多时候，这些是你的顾问认为需要提前协商的问题，而且这种场合通常都需要律师的参与。但是这个观点几乎就在断定创业组合的双方会处于对立的状态（甚至会引起这种状态）。这样也会让双方错失围绕这些问题开展真诚沟通的机会——沟通可以让双方更清楚地理解真正重要的事情是什么。

举个例子，你可能会以为头衔和薪酬这些问题对双方来说都同样重要，但很多时候这个假设都是不对的。有人可能会更在意负责面向客户的市场营销和销售工作，其他人可能更喜欢负责幕后运营，或者负责设计或编程业务。

在邀请律师介入之前，我们建议用一种稍微不同的方式来处理这些问题，就是把它们摆上台面讨论，并达成一致的解决方案。这是一种传统的方法：进行面对面的沟通，耐心聆听和思考对方的想法。

如果你们准备好先尝试这种做法，你们可能会惊喜地发现双方可以达成一致的地方要远多于意见分歧的地方，而后者才需要你们进行认真的谈判。你们可以先从下面列出的问题开始来回地进行讨论：

◎你对公司未来发展的愿景是什么，具体要在什么时候实现？

◎实现你的愿景的重要条件和时间表是什么？

◎你最想通过实现这个愿景获得什么：财富、大众认知、个人荣誉、按照自己的方式创业的自由，还是其他东西？

◎你在什么情况下能够最大限度地发挥各自的强项，你的弱项会在什么情况下容易暴露，你在背后有什么思考？

◎你认为我在这家公司追求什么？

◎在出现分歧的时候，你认为我们应该为了公司的运作而统一意见吗？

◎你对我们公司接下来最大的担忧是什么？

这些问题看起来不像是一般合伙人之间的股权买卖协议，或者婚前协议的细则。这个清单不一样的原因是我们希望鼓励你们去探索一些更深层次的问题，一些对你们个人来说更直接相关和重要的问题。在你们的合作过程中，你们的性格特点肯定会显现出来，所以你们最好还是提前了解清楚对方的想法。

当然你们要处理的问题还有很多，有些可能还需要法律上的帮助。但要记住的是，律师都非常擅长记下客户已经达成的协议，他们没有必要一直做好顾问的角色。如果在创业之路走得太远之前，你和潜在创业伙伴之间能够先开展直接的沟通，这样至少可以缩小你们需要外部顾问处理的问题范围。

有时候请经验丰富的律师以书面形式记下各种细则也是不错的做法。我们已经看过太多由于记性不好而导致口头协议告吹的情况，更不要提共同创业者在创业过程中可能会产生的互相厌恶的情绪。

最后我们想引用盖伊·川崎（Guy Kawasaki）的建议，他很好地总结了共同创业者关系的必备要素："有人喜欢钻研细节（显微镜），有人习惯不拘小节，专注于更大的问题（望远镜）。一家创业公司需要同时具备这两种类型的创始人才能成功（陀螺仪）。"

06 组建你的团队：招募与你最具工作默契的员工

独善其身的创业者通常成果甚微。只有把自身才能与他人的眼界、技能和投入结合起来，允许他人的强项为自己的独特性格充当力量倍增器，天资与天赋才能得到彻底释放。

如果你是一个创业者，那么你需要团队，无论他们是雇员、队友、合伙人或同事。从发布之前的最初阶段到之后的成功业务规模化过程，你都要依赖其他个体的能力与奉献。如我们在前几章中讲过的"团队要素"，你会遇到无法预测、反复出现的人才匹配问题。这一章着重讲解如何根据你和增长所需的人才默契协作的具体情况，开发、执行、体系化人才招募策略。

在我们的经验中，最有成果的创业者会像思考产品、客户和投资人一样，仔细地挑选核心团队成员，有些人甚至还会更加谨慎。之后，他们会要求团队成员在招聘下属时保持同样的水准，通过层层执行与复制，整个公司就会充满相同的人才 DNA。实现这一目标的方法之一就是向潜在的团队成员问三个关键问题（除了他们的专职技能之外），从而帮你判断这个人是否与组织架构匹配。

1. 候选人的动机和首要职业目标是什么？ 这个人是不是只把工作作为支付账单、支持生活方式的收入来源，而真正的成就感来源是其他业余活动？还是候选人认为工作是表达自我的方式、人生意义的重要部分？

2. 哪种工作设定或文化能让候选人展现最棒的一面？ 他最适应清晰、具体的指令，还是开放、自由的环境？他更喜欢在团队氛围强的文化下与同事紧密合作，还是比较独立地投入工作？他更希望工作环境以员工培养、学习氛围、人际关系为基础，还是专业技能、严格要求和规范技能？

3. 候选人在职业历程的哪个阶段？ 刚进入职场、寻找学习的机会，或者已工作一段时间、希望应用已积累到的知识和经验？如果是前者，那么他是否能灵活地适应不同的方法和风格，换句话说，他是否是一个理想的学徒？如果是，你必须确认公司文化是不是有足够的员工、有能力培训新人。相反，如果候选人不再是职场新手，是否与创业者风格匹配就是一个极其重要的问题，对于资深职位尤为如此。虽然资深的团队成员与不同类型的创业者能组成理想搭档、对彼此的生产效率都有极大的好处，但失败的代价也会非常高。

理解了以上三个筛选性的问题以及每种创业者的风格和偏好之后，我们就能看看每种创业者该如何筛选最适合自己的团队成员。

🚗 驱动者手册：告诉团队系好安全带

驱动者会加大马力，即刻启程。他们的强度大，是因为他们相信产品与服务能精准地满足市场的需求（即使有时市场对需求尚未察觉）。驱动者把市场接受度当作衡量个人价值的标尺。他们追求完美，有些团队成员对此颇为不适，而其他人却觉得备受鼓舞。

驱动者对他们的追随者抱有许多期待。就像一个要求严格的教练，逼迫队员加倍训练强度或者在赛场边大声批评错过训练的队员，他们也可以变成苛刻的监工。有时候，这种粗犷的方式可以换来与痛苦和尴尬相匹配的胜利成果，但团队成员不能期待驱动者给予太多的关心与照顾。

与驱动者共事或为驱动者效力通常需要一些在大多数候选人简历上不太会出现的技能，例如厚脸皮。作为驱动者，你可能对身边的人尤为严格。你的认真专注会拉低你的敏感度，不能察觉其他人的情绪与自尊。某个重要同事因为自尊心受挫而离职或许曾让你感到惊讶不已。

驱动者的公司可能不适合只把工作当工作、更深的人生满足感存在于办公室之外的人。作为驱动者，你常常期待每个人像你一般动力满格、追求完美。你严格地管理一支团队，对每个人都有严格的绩效预期。这种环境更适用于资历较多、喜欢独自工作的人。你的最佳团队成员可能处于各自职业发展的两个极端——要么是极其适应这种文化的资深专家，要么是情愿在要求高的环境下学习目标技能的职场新人。

作为一个驱动者，你不会花力气在公司中营造一种开放、协作、灵活的办公文化。你会迫切地追求结果和权责而忽略惯用的指挥流程，这种习惯可能会让下属慌张失措。驱动者可以考虑根据能力、影响和动机逐渐建立一种隐性的层级体系，这三方面实力都过硬的人可以正式或非正式地在组织中层层晋升。

驱动者最可贵的追随者是那些在不同任务中一如既往地满足严格要求、赢得信任的人。这些人可能给公司的市场认知及产品差异化做出了独一无二的贡献。

虽然驱动者不一定非要承认这一点，但他们可能把其他大多数追随者当作可有可无的资源，而不是齐心协力的合作伙伴。对于一般员工，驱动者很有可能会想一个问题："你最近为我做了什么？"所以，驱动者需要想清楚如何以潜在团队成员可以理解的方式定义并衡量成功。是与竞争对手比较销售、盈利、增长、市场份额或估值吗？还是行业认可、个人财富或其他指标？

虽然每个创业者都想成功，但驱动者对此却有强烈的渴望。当看到不能满足野心的绩效时，驱动者会变得粗鲁、焦躁。然而，如果团队成员可以承受甚至享受偶尔出现的白热化强度、奋力追赶驱动者对各项指标的要求，他们或许能赢得车上的席位，甚至扮演副驾驶的角色。

探索者的实验室：组建正确的团队，解锁下一次成功

探索者更希望自己的员工抱有同样实际的好奇心，致力于为客户痛点寻找商业上可行、聪明的解决方案。但他们可能会厌倦公司运营中比较枯燥的内容，无论这些事对业务成功有多关键。所以，什么类型的员工适合与探索者共事呢？

与驱动者的情况一样，那些只想打份工的人也不能完全适应探索者的组织架构。探索者有极高的期待，他们的系统性思维体现在每次与人的互动中。这种文化上的期望意味着这类工作环境更适合从工作中获取人生满足感的团队成员。因为探索者认为解密即一切，他们可以打造令人振奋的团队及个人文化，但这些文化本身不一定能提供足够的成长养分。

专业技能与知识至关重要。所以，学徒不会觉得这是最理想的工作场所，除非他愿意尽职尽责，快速学习，犯新手错误的时候脸皮足够厚。另一方面，

某个职能的资深专家可以代表团队的理想成员，因为他们能在探索者不感兴趣的关键领域提供足够的指导，帮助企业扩大规模。

探索者需要能适应激烈竞争的团队。他们不会对傻瓜熟视无睹，所以团队需要在各自的领域展示能力、建立可信度。在探索者的王国里，解决方案最重要，就像流通的货币。

探索者不希望团队成员是自己的复制品。随着企业的发展，他们需要具有其他学科背景的分析性创造力和韧性，就算他们对此不能时常表达欣赏之情。事实上，团队成员如果在探索者个人兴趣外的领域有很强的技能，例如人力资源管理、供应链管理、财务等，或许就能在你的组织架构中获得更多的自由。换句话说，探索者可以将这一点变成诱人的招聘工具，吸引这些领域里十分优秀的人才加入你的团队。

如果探索者为了让自己放心需要在公司里掌握某种上面提到的技能，也是可以实现的。比如，布莱恩·奥凯利就亲自编写了 AppNexus 的损益表（详见第二章）。但请注意：探索者的质疑可能会给人留下事后诸葛亮的印象，削弱团队精神和成员之间的相互责任，而这正是高效团队的品质。

无论你作为探索者拥有多少杰出技能，你都需要其他人的技能组合才能完全实现产品、技术、服务解决方案的潜力，无愧于你和核心解密团队的努力。有时，业务的增长更取决于能够复制之前成功方案的人，而不是能解开下一道谜题的人。所以，寻找可能推动任务、支付账单、善于与员工打交道、准时交付、让客户开心的团队成员。这样做能帮助空出你的时间，专心致志地破解下一次的成功密码。

⚐ 改革者需要勇敢无畏的传教士：一同扛起旗帜

改革者是胸怀大志的领袖。他们注重公司的首要使命，希望员工可以与更高层级的规划保持步调一致。改革者仅次于与其相邻的引领者，自豪地在奋斗历程中吸引到忠实的追随者。但是，只有追随者还不够。改革者还需要不同职能的专家来实际运作、扩展使命，即在某个领域有足够行业经验的团队成员，尤其是改革者不熟悉的财务、运营或人力管理领域。

改革者身边的人需要有足够的毅力和专注力，才有资格加入改革者引领的征程。换句话说，团队成员需要在工作中投入比时间更多的东西。改革者的理想队友把工作看成定义自己的方式，他们完全认同改革者追求影响力的坚定愿景。这种员工必须能在自由的工作环境中不断成长——改革者推崇这类工作环境，因为他们相信人们可以彼此协作、互相培养、通过人际关系学习知识。

理想的候选人被改革者的使命吸引，因此愿意与改革者结合。然而，他们也要适应一定程度的不确定性，并且有"自己动手"的强烈能动性。

作为一名改革者，相比其他创业者，你可能不太容易招到对的人。改革者会混淆概念，认为个人忠诚、对使命做出承诺就是个人能力。如果你在给技能要求偏高的岗位招人，可以先向董事会成员或其他专家寻求帮助，他们可以评测每个成员候选人的专业能力能否满足职位需要。

因为你很难将真挚的热情转换成具体的日常任务从而实现核心目标，所以团队成员会时不时感到沮丧。有时，消除这种沮丧情绪的办法非常简单，只需要从宏大的使命宣言后退几步、回归最基本的工作细节，展示团队每天的工作如何明显地改进、加速实现最终目标。换言之，你应该让团队明白，他们是必不可少的举旗手。除此之外，你还应该做好任何团队都需要的详细运营规划。

你需要做好准备与新员工面对面交流，同时提醒老员工他们的工作对整个征程与业务至关重要。他们要有一种分担的感觉，而不是只为你做事。如果你是一名改革者，你的员工有时会觉得为你效力是一场疯狂的冒险，但你的直觉、胆识和远见也是他们最初愿意参与这场战斗的原因之一。

直接发射引领者的信号：深入目标人群，打入任务前线

被引领者打动并加入团队的人很幸运。从本质上说，在创业的过程中，引领者喜欢并致力于创造积极的团队要素。但引领者都希望达成现象级的成就，所以就要求整个团队的表现要符合他们的预期。引领者会挑战团队的成员，但也会鼓励、支持他们。这意味着引领者可以与不同段位的团队成员共事，包括求知若渴的学徒，寻找模范领导的职员，以及积累了一定经验、想找到理想岗位应用技能的人。

考虑到团队重心，引领者带领的业务或许最能培养各种职能和职位的专业人才。虽然引领者接受比较自由的文化和风格，但员工需要清楚地知道灵活度不等于不负责、不作为。职位权责与角色分工是引领者最锋利的两个工具，他们可以及时运用这两个工具，清除表现不好的团队成员。

引领者招聘员工，期待与他们一起服务客户、为公司积累利益。反过来，引领者也会创造积极友爱的环境，为个人提供不断学习进步的空间。

团队士气与文化对引领者都十分重要。对于引领者和团队而言，平衡团队精神与较高的成果预期始终是一个挑战。"天鹅绒手套里装铁拳"很贴切地描述了引领者的领导风格。

作为一个引领者，你的目标不是群体思维或跟团队成员围着篝火唱励志歌曲，你只需要找到一个有效的方法统一并利用他们的能力，一齐面对眼前的挑战。平衡人才培养与较高期望之间的关系有助于让团队成员对各自的作为树立责任感。

在四种创业者中，引领者应该是最擅长倾听的。因此，团队成员更愿意表达自己的主见和观点，也比较能利用好这扇敞开的大门。

我们把与你相似的创业者称为引领者，因为你会与整支队伍一起深入工作现场。你有些像选手型的教练，决定战术、更换成员、评价表现、鼓舞士气，同时在赛场上跑来跑去。在这种环境下工作可以更好地鼓舞团队成员，因为与这样认真的创业者互动本身就是很好的机会及接触。

但是，你需要向团队成员强调的是，如果他们在赛场上的实力有明显退步，那么进入引领者团队的门票就会被随时收走。你要传达的讯息十分清楚：无论什么人，做好分内事才是王道！

四种创业者如何做好人才管理

当然，在建造并发展公司的路上，你还需要为一些职能补充其他必需的因素。你可以参考以下建议，作为首要的人才管理策略。

· 如上文提到的，面对相似的年轻人才，驱动者和探索者是合格的人生导师，这两类创业者的殷切期望、直白教导会让年轻人更专业。说到扩大公司规模，关键问题是他们是否能招到可靠的管理团队、推行奖励机制，把整套导师的策略贯彻下去，巩固公司的核心价值。我们见过许多推行或没有导师策略的公司，注重指导的前者明显更能轻松地实现规模化。

· 改革者通常会打造鼓励支持、协作与学习的环境，这对正在成长的年轻人才也是十分理想的。讲到这点，如果想让学习氛围强的工作环境成为现实，改革者必须确保每个职能上都有资深的成员专注地提供专业指导。

· 如上文所讲，引领者更偏爱创造年轻人才、资深专家、老道经理人都能成长的土壤。他们擅长把人才用在使其竭尽所能的位置上，而不会让人们沮丧崩溃。因此，管理层很可能利用这个技巧，从内部培养人才。虽然引领者在招人、带人的时候可能比较温和，但最好确保潜在的培养对象明白这种关爱与支持是建立在责任感的坚实基础上的。

图 6-1 从动机、工作环境设置、事业阶段三个维度描述了创业者与潜在团队成员的性格应当如何搭配组合，才最可能实现成功。许多公司失败，不是因为它们的产品差、商业模式差、投资少、客户无感，而是因为没有合适的团队及工作文化。作为一个创业者，你可能很擅长讲故事、让业务落地，但不擅长组建高效率、高产出的人才队伍，进而收获巨大的商业价值。你可以吸取本章观点，以更高的概率达成最重要的匹配——根据你的创业者性格，选择彼此青睐的团队成员，一起建造一番事业。

团队成员性格	驱动者	探索者	改革者	引领者
对工作的期待				
只是一份工作				✔
用工作定义自我	✔	✔	✔	✔
文化及风格				
严格	✔	✔		
自由			✔	✔
团队				
个体贡献者	✔	✔	✔	
注重培养、相互学习、以关系为基础			✔	✔
要求高、专家优先、以流程为基础	✔	✔		
职业阶段				
职场新人	✔（如果接受文化与风格）	✔（如果接受文化与风格）	✔	✔
资深，有所成就	✔	✔	✔	✔

*在此我们更关注职业发展处于早期及后期的团队成员。在职业发展的初期，步调一致对团队成员尤为关键，因为他们正好在开发个人的技能及风格，创业者可以参与塑造过程之中。到了后期，完善了技能与风格后，团队成员可能会有更多的选项来挑选能加强技能的机会，因此在为个人及职业成就寻找适合的机会时会更加谨慎、严格。

图 6-1　团队成员与创业者类型的匹配图

07　吸引最好的投资者：找到与你的性格相匹配的支持者

创业者性格对初创团队的投资人有多重要？高原资本（Highland Capital Partners）的现任总经理、美国国家风投协会（National Venture Capital Association）的前任主席保罗·梅德尔（Paul Maeder）说："创业者的性格告诉我应当寻找什么人，换句话说，性格决定一切。我不是在投资公司，而是在投资人。"

我们会用这一章节讨论如何为你的创业者性格吸引、选择、联合最佳投资人（假如你的创业公司需要外力支持的话）或最佳执行赞助人（假如你在大企业中从事内部创业的话）。这两种情况的核心挑战都是如何找到无论是战略指令还是投资风格都与你最相称的支持者。

投资人往往对于什么是新业务成功的关键原因抱有不同看法，这可能是产品、市场容量、两者的匹配程度、时机或其他主观因素。然而，几乎所有投资人都同意，创业者的个人性格、创业者与团队之间的默契是他们决定投资的最重要原因之一；我们接触过的大部分外部投资人都声称，创业者本身是他们最

看重的单一因素。

基于这些反馈，我们却很好奇为什么几乎没有学者、创业界的大师或其他观察家花时间系统研究创业者性格这个关键问题。考虑到没有严谨且经过验证的方法论用以描述、鉴别不同类型的成功创业者，我们只好引用名人轶事作为指南。但是，我们的"性格聚类法"已提供一套框架，可以用作评测每种性格的动机、偏好、行为是如何直接影响不同类型的创业者追求业务增长的。

通过了解你的创业者性格，你就可以更有针对性地评估与潜在投资人的匹配度，反之亦然。根据我们的经验，每种个性的创业者都配得上一些投资人的指令与偏好。利用我们的"创业者个性探索工具"（Builder Personality Discovery），你和潜在投资人可以更好地决定是否要联合起来。有经验的投资人知道，他们必须与要投资的创业者和其团队建立纽带。这从常识与资金的角度看都颇有道理。毕竟，如果创业者与投资人不搭，产品与市场的匹配度也会打折扣。

在接下来的内容中，我们会拿每种创业者性格与不同的独立投资人一一试配，包括风险投资、私募股权公司以及大企业中支持创业的高管。不过首先，我们需要简要介绍一下独立初创公司与企业内部创业面对的不同投资环境。

独立创业与企业内部创业的赞助方：高度相似但非完全相同

独立创业公司与企业内部创业项目的投资人都认同增长势在必行，但他们扮演的角色不同。风投公司、天使投资人、私募基金投资人通常把钱投到独立且初期的公司，希望抓住成熟公司忽略且错过的机会；而大企业中的高管雇用创业者，在内部实践新业务或者后期收购由创业者创立的公司。

独立创业与企业内部创业都满足哈佛商学院的教授霍华德·史蒂文森对创业精神的定义："用有限的资源，追求无限的机会。"然而相比独立创业团队，企业内部的创业者不得不担心在战略上是否与公司保持一致。他们必须获得目前投在现有活动或市场中的预算、人力及其他资源，重新设计决策、管理体系、团队文化，以对落地任何新业务的灵活且非正式的需求快速反应。

如果你是大企业中的创业者，优点是你已经有外界创业者花大量精力拼命争取的东西：潜在的资金支持以及获得资源、技术、设备甚至客户的渠道。但通常，这些资源都像商店橱窗之于人行道上的消费者——想得美好，却很难得到。通过与组织中掌握资源的人结成同盟，企业中的创业者必须学着获取这些资源。

然而，如果你是内部创业者，潜在的赞助方相比风险投资人，可能更愿意用不同的标尺运营项目。外部投资人倾向于关注有没有一套直通大型、快速出口的路，因为他们的关键指标是内部回报率（internal rate of return），

这与投资发生的时间高度相关。风险投资人有一整套投资组合，预测10% 以上的投资项目都会导致完全失败，而企业中的支持方却会实施更严格的限制。

大企业的投资人用公司的资本成本和投资回报来衡量对内部项目的投资。他们关注的价值创造与获取通常与业务的潜在营收相关，而不是盆满钵盈地退场。这也就是说，为了呼应大公司对于投资的关注，新业务不得不提供比外部

机会更大的规模化潜力。大公司内的赞助者也在放长线钓大鱼,即使他们和你都要给不耐烦的市场和投资群体呈现加速的回报。当大公司的投资者要收购独立公司时,他和你(如果你是卖公司的人)肯定都会担心收购是否在战略及文化上符合公司的背景、能力和客户网络。事实上,许多收购方不能做到这一点。

在这样的背景下,让我们看看你的创业者性格适合什么类型的潜在投资人。

为驱动者注入能量:找到正确的资本能量站

最适合驱动者的投资人会关注产品与市场的匹配度。一些投资人认为它是必不可少的魔法要素,而且不在意哪种创业者能给他们展示这样的产品特性。硅谷著名投资公司 Benchmark Capital 的联合创始人安迪·拉科雷夫(Andy Rachleff)是这样形容的:"在科技界,我相信成功的根本原因在于一家公司是否找到与市场需求匹配的产品。成功与恒心、努力或性格无关。如果你有与市场完全相配的产品,你可以是世界上最糟糕的高管,但这丝毫不会妨碍你取得很大的成功。否则 24 岁的年轻人做出价值十几亿美元的公司怎么可能?我觉得,性格类型并不是那么重要。"

如果你是驱动者,强调产品与市场匹配度的投资主张对你是件好事。你擅长与像拉科雷夫这样的投资人打交道,因为他们关注令你充满自信、到处赞扬的产品解决方案——前提是你已经得到一定的市场认可作为支持。驱动者的理想投资人能小心地平衡情绪,避免对不够接地气的产品愿景感到过度兴奋而失去客观判断。你需要投资者保持理性,清醒地评判市场发展的阶段、产品线与目标市场的成熟度。

对解决方案充满激情固然很好，但在进行有关估值的谈判时，尤其在公司发展的早期，这有可能导致估值虚高。经验丰富的投资人能帮你比较客观地了解市场成熟度，并以此确定相应的估值。因此，你们双方会保持一致的预期，之后投资资本、估值、产品与市场的匹配度才能更同步。

大企业中的驱动者面临三个挑战。首先，企业是否能为你追求的业务提供适合的赞助与支持。公司和你的创意不一定在战略利益或资源上达到完全匹配。若没有战略上的共识，大部分公司不会做类似风投机构一样的投资。

如果存在一个有说服力或至少有道理的理由能证明你提出的新业务与公司的愿景一致，那么你将面对第二个难题：如何规划这笔投资，从而为业务提供足够及时的资金支持，同时为你和团队提供应得的补偿与奖励？

在与公司商量如何建立激励你和团队的奖励机制时，除非公司之前为其他内部创业项目设计过相关的投资与薪酬框架，否则你有可能被死板的规定与先例的匮乏埋葬。事实上，驱动者相比其余三类创业者更愿意承担风险，与公司分享创意。所以，做好准备，提出新颖的业务安排甚至商业模式——这样当你想用更高的补偿换取承担更多风险、追求计划中的里程碑时，公司的风险也会相应降低。例如，用虚拟股票、分拆、经协商的回购期权，争取让你的新业务不受公司控制、在外部生根。其实，你的工资也需要类似的灵活性，以此激励并留住有野心的驱动者及其团队。

第三个挑战是，潜在的投资人和你自己都要相信你能成功——凭借你的性格，你能成功地在公司里或与公司一起建立可规模化的业务。为什么这是一个挑战？因为驱动者是四种创业者中最锋芒毕露的人，锋利的棱角可能不适合大企业的环境。你的个性容易引人注意，完全因为你的直率、雄心、自信与其他同事的温和截然不同。

支持驱动者的企业赞助人也需要考虑是否愿意为你让路，之后你们双方都可以看看是否能达到预期，成功地脱颖而出。你非常清楚自己需要哪些资源才能落实创意，包括你希望参与其中的人。你不太可能接受别人为你出谋划策，不会因为他人提醒你的同事不适应创业强度而心怀感激。

此外，驱动者的性格还不适合被大企业的基本流程和体系捆绑，例如申请预算的流程、会议守则、IT 系统规范、招聘及薪酬政策等。你的赞助人需要给像你一样的驱动者留出足够的空间，但也必须有心理准备为你善后、梳理思绪。你可能是积极或消极的颠覆者，所以需要内部的赞助人关照你、平衡你的状态。理想的内部赞助人为你挡住公司、提供缓冲，稍作妥协但不会给你完全掌控的权力。毕竟，提供赞助的公司还是十分需要你的性格，制造改变市场的影响力。

实际上，真正具有创业家精神的驱动者本来在大企业中就非常少见。他们通常是最先离开大公司的人，因为没有说服公司采用他们的创意。值得注意的是，大公司驱动者与雇主之间的关系其实并不乐观，正如埃森哲（Accenture）最近一份有关全球企业内部创业的报告所揭示的："75% 的大公司认为他们的员工非常具有创业精神，但是在所有有过大公司工作经验的创业者中，75% 的人选择离开，因为大公司不是创业的环境。"

凸显这种问题关系的事例数不胜数，比如离开仙童半导体公司、促成大规模高科技创新革命的"硅谷八叛将"，以及两次被大公司开除之后坚持终身创业的马克·库班。虽然一些大企业的驱动者能与适合的赞助人携手、在企业中释放出他们的商业天赋，但许多人做不到这一点，于是离开公司自食其力，之后把新业务卖给无法从内部实现颠覆性增长的大企业。企业中的赞助人和其他高层管理者需要对此提高警惕，因为比起接纳锋利激进的驱动者在内部创造突破性的价值，收购的成本明显要大得多。

⚙ 为探索者授予特权：调试最佳匹配度

探索者一般会吸引与之有相似系统思维的投资人，他们针对难题专注地策划全面的解决方案，所以有工程背景的投资人创立的风投公司非常适合探索者。依据探索者的个性，他们能把问题的难点阐述清楚、提供完整的解决方案；早期接触时，被深深吸引的投资人甚至可以与探索者组织一场极客聚会。

探索者的动机可能会让一些投资人感到惊讶与不解。对于许多探索者来说，到达某个程度之后，赚钱不再能激发更多的积极性。但外部投资人却只会用现金和期权两种手段激励创业者及团队。

然而事实证明，另一种手段，即投资资本更能激励探索者。作为一个探索者，你希望推动创意十足的解决方案，从单一产品到产品组合再到平台层层递进，而实现这个目标就需要合适、可靠的资本伙伴。理想伙伴需要像你一样对可商业化的系统解决方案抱有强烈的好奇心与欲望。获得能支持创新的资本对探索者更有吸引力，因为他们志向高远，期望实现更大的市场影响力以及产业

转型。

如果你是某家公司内部的探索者，你会专心致志地解决某个对公司战略发展至关重要的挑战吗？这个问题与你的才能无关。正如我们在前文中提到的，你与包括布莱恩·科斯特、汤姆·菲利普斯、马克·邦菲格利等独立创业的探索者一样，拥有相同的系统思考能力。

但精明老道的企业赞助人都知道，不是每个问题都有战略价值，也不是每个能解决问题的人都能成长为优秀的企业创业者。这件事并不简单——不是任何一个在工程团队或实验室里工作的人都能一夜之间蜕变成企业家。科学家、技术专家和工程师可能都善于发现，但他们常常缺乏把创意商业化的技能。这很可能就是为什么在美国只有不到 1% 的专利发明能盈利。公司的增长议程太重要，所以不能放任不专业的人来负责。

所以如果你是大企业中的探索者，像引领者一样思考能让你们愉快地合作，组建一支彼此互补的团队，利用并商业化你提出的解决方案。毕竟你不会担心其他独立创业者会碰到的分割利益的争议和招聘成员的挑战。你需要的一部分人已经在公司里了，管理层可以决定他们的工作重心和所属团队，而你只需要从中受益。

获取内部人力资源能帮你实现创意的商业价值。强生的探索者、发明防拆胶囊包装的诺伯特·贝尔塔扮演关键角色解决了泰诺品牌危机，但他也需要同事的专业技能，捕捉解决方法的价值。所以，探索者要肯定所需人才的重要性，这对集齐五大增长要素从而成功创业至关重要；此外，探索者应该毫不犹豫地寻找并接受能提供帮助的同事。但探索者也不要盲目地接受赞助人的建议，你也可能十分需要保留自由，从外部聘请分析能力强的伙伴。

无论是独立创业还是企业中的内部创业，文化冲突都不可避免。探索者一般不太关心比较软性的公司事务，但文化对赞助人和公司来说不可替代，所以探索者还是要留意紧张与冲突的苗头。这并不意味着赞助人应该期待你的创业项目完全复制公司模式，但是你应当确保一系列核心价值是公司创立的基础并为客户所知。

为改革者委派任务：找到你的伊莎贝拉女王

如果你是一名改革者，你的理想投资人应当拥有与你相同的视野，气度与耐心也是他的启动资本。对于改革者来说，投资人扮演的角色有些类似伊莎贝拉女王之于冒险家克里斯托弗·哥伦布（Christopher Columbus），而不是电影《华尔街》中戈登·盖柯（Gordon Gekko）在某家投资组合公司中扮演的贪婪形象。换句话说，你需要的投资人应当支持长期发展，而不只是获得短期盈利。某种程度上说，早期风险投资人渴望及时退出与创业者在早期支持者兑现后追求建立长期成功的企业之间总是存在紧张的关系。这种关系在改革者领导的公司或业务中尤其明显。

擅长投资改革者的投资人很清楚支持这些以使命为主旨的创业者有什么吸引力及风险。然而，通过解决重要问题、让世界和市场变得更美好，改革者的魅力与远见可以吸引那些尚未做好准备亲自解决重量级问题的投资人。

改革者生来就有吸引早期客户及追随者的天赋，但许多首次创业的改革者还没碰到实际的困难与运营的挑战，比如如何将宏伟的愿景在漠不关心、充满怀疑甚至敌意的市场环境中转换成可以持续的价值。如果你是改革者，要当心与从未有过类似投资经验的风投公司或初创投资人合作。

首次创业的改革者需要一位愿意在关键时刻掌舵，为公司发展把握方向的资本合伙人。魅力四射的性格会无意间增加这种监督管理的难度。以内特·莫里斯为例，他的废物回收公司 Rubicon Global 立志成为垃圾回收界的优步。莫里斯的远见与野心，再加上包括维格斯曼、沃尔玛、家得宝在内的早期用户，帮他吸引到许多知名的投资人，包括前司法部部长约翰·阿什克洛夫特（John Ashcroft）和好莱坞影星莱昂纳多·迪卡普里奥 (Leonardo DiCaprio)。但正是 Richmond Global 的资深投资人彼得·凯尔纳说服莫里斯雇用正确的运营团队，加强对盈利能力与规模效率的关注。

一些改革者的难题在于，他们会吸引没有足够专业知识或资本结构的投资人，换句话说，这些投资人是被改革者的愿景吸引来的，而不是公司将想法转换成价值的运营现实。一定数量的用户和媒体支持能应对这个挑战，推迟清算财务状况的日期。但是，大多数投资人迟早会公开地或私下里期待业务能产生收益。到那时，多么鼓舞人心的言辞都不能胜过市场上的实际表现，例如真实客户的数量、收入及其走势、现金流效率，等等。

如果你是一家成熟企业中的改革者，使命与财务现状之间可能存在巨大的差距。这种情况下，潜在的赞助人发现你的存在比给你提供支持更容易。有时，改革者倡导的改革事业可能看起来与公司现在做的事情存在竞争关系，或者令内部团队和外部客户感到迷惑。所以，如我们上文中建议的，在向内部赞助人争取资金支持之前，你需要全面地评估你的改革事业是否与公司策略、品牌、传统与文化相契合。

如果你的改革者愿景与公司发展方向彼此兼容或者互补，释放非凡的建造技能可能会改变游戏规则，带来巨大影响。你所在的公司或许也需要注入新的激情与目标，激励团队，重新确定在市场上的位置。因此，你或许能成为推动公司增长议程的强力催化剂。事实上，公司可能要向你学习领导风格和技巧，激励员工加入新的征程与冒险。

此外，与探索者一样，你的企业内赞助人可能也会用大多数公司中的经营手段要求你，命令你完成任务。就像我们在莫里斯和安杰洛·皮萨加利的故事中了解到的，改革者倾向于关注长期目标，乐于委派他人完成绝大部分日常运营任务。招募职能完备的团队会提高你的效率、降低你的难度，这样你的创业者性格才能得以发挥。

你的内部赞助人会对改革者风格领导下的运营管理表现出合理的担忧，也要正视你以你的独特性格建立新业务形式的需要——他们不得不做好两者间的平衡。以赞助人的身份过度监督改革者可能会扼杀改革者在团队中培养的宝贵精神。

如果得到许可的使命有足够的战略意义，那么你很有可能带动整个组织，产生连锁反应。其他高管可能质疑新议程的紧迫性，不愿贡献或分享他们掌握的重要资源。当心这种态度可能催生的表面现象。例如，一位高管可能会派出一个表现平平的员工，从表面上支持你的使命。你和赞助人需要不断地向负责实际运营的人解释改革的重要性。

改革事业不适合畏畏缩缩的人，但它或许可以带来意想不到的收获，值得投入时间与资金，能够衬托你的独到远见与领导天赋。作为独立的改革者，试着吸引能与你共处的投资人——在扩大业务规模的过程中，他们既能分享你对目标的热情，又能弥补你的不足。如果你是企业中的改革者，正在寻找内部的投资，那么就努力用使命与潜力匹配公司的战略远见与文化根基。

无论你是哪种改革者，你的投资人都要接受时间较长、成本较大的发展规划。只有铺好道路，业务才能起飞。对于你们双方来说，能清晰地统一各自的期待、协商好阶段性的里程碑，相处才能更有效。缺乏共识会导致严重的后果——如果前方依旧长路漫漫而投资人却在找退场的出口，你会无法承担这种情况的代价。

为引领者提供资助：与最重视领导力和团队合作的投资人结合

如果你是一名引领者，你建造增长的方式会吸引许多投资人，其中一些人尤其倾向于支持有经验的团队管理者，而不是未经验证的创业者、热门产品创意或新型市场。他们能从你的建造方式中找到安慰，无论你有独立的初创公司还是在大企业中创业。引领者可以吸引并激励那些忠诚、专注、投身于清晰的业务愿景之中的人才团队。你很务实，会谨慎把握投资人的期望，更有条不紊地执行你的计划。"不出意外"是你做事的原则，也就是说，你会仔细地履行自己的承诺，即使偶尔出现没达到目标或超额完成的情况，也丝毫不影响许多投资人对你建立信心与信任。

对于初创公司来说，更保守的投资人可能最适合引领者。这些投资人更希望你放慢速度、节省现金，而不是冒着烧钱率更高的风险幻想能争抢稳定的客户群体或地盘。重要的是，你需要找到和自己一样的投资人，稳扎稳打、控制航向。

事实上，那些喜欢支持引领者的投资人可能想要聚齐一批引领者，逐个支持他们各自的创业项目。这些引领者都是经验丰富的领导者，擅长管理投资资本，许多人甚至声称能持续提供强劲的回报。几十年来，根据我们的观察，高原资本、文洛克创投等风投公司都在执行这样的策略。

期望值摇摆不定的投资人可能不适合引领者，因为传统保守、有条不紊的做事风格会使他们感到沮丧。比如，硅谷一些投资人就会督促引领者型的CEO更激进地追求增长。这种情况下，投资人的投资组合会在多个方面下注，这会让他们比创业者更容易暴露在风险之中，而创业者的全部资本净值也会与公司完全绑定。

我们鼓励引领者多花时间与潜在投资人确认并匹配增长速度、风险与退出预期。讽刺的是，你以往的成功纪录会吸引原本不适合你的投资人，因此你要多多小心。

大企业中的引领者一般都是管理层的宠儿，就像独立创业的引领者可以很容易地吸引投资人一样。如果你是这样的引领者，规模庞大、架构复杂的公司会重视你注重合作的风格和意识。与独立创业的引领者不同，企业中的引领者可能会被高管选中，管理一个不是由引领者发起的新计划，而不是为自己的选择和创意在内部寻求支持。

　　大公司通常会设立多个目标，咨询公司、会计师事务所、投资银行或商业贷款机构也一样。他们可以提供各种创造价值的机会，而这正是最适合引领者的完美任务。举例来说，如果你在这样的公司工作，你所属的执行团队可能已经发现一个有前景、能产出巨大价值的机会，不管是否符合公司既定的业务规划。它可能是扩展现有产品线、收购一家研发有趣技术的公司或者开创需要验证的新商业模式。无论如何，这个机会都需要一个领导者。通常情况下，成长中的企业引领者会被任命负责这样的计划，仅仅因为这样的人能具有创业精神。无论他们每个人如何诠释角色，引领者都比其他三个类型的企业中的创业者要更加温和。毕竟，引领者懂得取得共识，通过专心执行运营规划解决问题——引领者的直觉与企业中的其他同事差别不大。驱动者可能早就对大企业中代表性的僵化决策风格和风险防范失去信心，因此他们要么离开企业，要么沮丧地留在企业中。探索者可能会挣扎着建立一个跨职能的团队，它的风格与文化尽量与母公司融合。改革者可能会发起一场颠覆性的挑战，与公司现有的使命与愿景互相竞争，甚至发生冲突。

　　问题的关键不是判断哪一种创业者性格在企业中更有优势，而是企业中的引领者更能适应企业中的文化预期与流程，落地新的业务项目并进入增长的轨道。然而，企业中的引领者在遇到与常规渠道及流程相关的困难时，也需要高层提供必要的支持与干预。

　　效力于成熟企业的引领者还可以利用另一种关键资源促进增长，即人才。你应该在公司的全体员工中把握挑选最佳新秀的权力，同时保留从外部引进人才的自由。不要妄下结论，认为某些公司中的员工是最佳团队成员。在大企业的职位上工作一段时间之后，内部员工可能很缺乏必要的直觉、风格和真正的创业者精神。出色的引领者会获取他们所需的技能组合，所以准备好向你的赞助人寻求帮助，必要时打破常规的人力资源流程，引进外部人才。

作为企业中的引领者，你也可以利用一系列相关资源，包括市场及技术观察，以加速业务增长。如果公司中有特别敏锐的研究员或策略制定者，诚邀他们以顾问的身份加入你的项目。这种专业知识很少像你控制的其他资源那样夹带官僚色彩浓重的包袱，此外还能扩展你的视野边际，适应市场的重要趋势。

同样，你还可以利用现有业务中的相关系统、渠道及人员，发挥你的运营强项。比如你可以动用分销网络的人脉，获取现有客户关系，借助公司的采购网络。如果运作的负担和流程的复杂程度没有比潜在提升的效率与规模效益大，这类相连的资源就可以为业务注入真正的力量。

独立创业或企业中的引领者比其他三种创业者都更容易拿到投资。你不太会制造戏剧化的情节，愿意保证策略与团队高度一致。你擅长建立并管理注重实效的团队，这在独立创业和大企业中都是一个闪光点。尤其对于在寻找投资人的独立引领者来说，你可以大胆地强调团队的综合实力，让潜在投资人用他们的指标直接评判，不需要像其他三类创业者那样，执着于掌握舞台中心的位置。

尽管引领者具有这三项优势，但从长远角度来看，你与投资人之间的挑战可能恰恰就源于你作为引领者拥有的出色能力。有时，客户与市场已经成熟，可以接受真正的突破，甚至包括驱动者、探索者、改革者倡导的尖锐锋利、有颠覆性的创意。但是，引领者却一般不会利用这种激进的机会。所以，引领者

要做好准备，时不时挑战自己的本能，在你正在勘探的大山中用创造力与胆识辨识出真正的宝藏。

如果你是一个独立的创业者，了解你的性格最能与哪些风格与偏好的投资人匹配能帮你缩小寻找投资的范围。如果你的创业项目有可能被大公司收购，你需要判断一下你和你灌输的公司文化是否能与潜在的收购方共处。如果你不愿意赚了钱就离开，或者依赖公司被收购之后的表现从而获得额外利益的话，这一步就会显得尤其重要。

同样，如果你是渴望成为企业引领者的员工，或者如果你想加入类似的项目，你也需要注意怎么能把你的个人追求与公司潜在的战略布局结合起来。大部分公司都缺乏你这种充满勇气的金牌人才，但你需要成为一个通晓内部游戏规则的资深玩家，这样才能获得启动项目、实现创意所需的资源。另外，你要有创造性地考虑如何调用非财务类的内部资源以充实业务理念，有时甚至需要在公司例常业务的流程之下逐步开发。

最后，如果你刚好是初创公司的投资人、某家仍在运营的公司的收购方，或者大企业中支持内部创业的赞助人，你也需要了解这些业务的核心要素，即业务创业者的性格，从而提高你的成功概率。寻找、匹配并支持他们可能是你发展自身业务、帮助他们发展各自业务的重中之重。

PART THREE

竭尽所能，成为最棒的创业者

提高影响力的策略

我们会以创业者的自我提升这一话题完结本书。首先，在接下来的几页里，我们总结出每种创业者类型的性格档案，列举了他们各自的天赋以及不足，以示对比。在之后第八章，我们提出两种策略，从而帮你提高自身的创业者技能。

　　专家级创业者策略基于我们从第二章到第五章讲解每种创业者类型时剖析的"强化与弱化"技巧。概括一下，我们建议你专心打磨专业技能，将规模化所需的其他任务布置给其他人完成。这就类似蝶泳运动员专注于这项运动，不断提升划水施力技巧，而不会努力学习蛙泳要求的翻腾转体。

　　创业本身就是一种与人频繁接触的练习，创业者始终需要与公众、市场、同事、家人和朋友接触。作为一个创业者，你要知道怎么做。大师级创业者策略让你发自内心地愿意与人接触，探索天生优势与风格偏好以外的潜力，审视自己做事的目的和原因是什么。这需要真正的勇气，但反过来也能让你从跟你对立互补的创业者类型那里借鉴一些技巧与方法。对立互补的创业者是指核心优点恰恰是你的致命缺点的创业者类型。凭借这种策略，你不会变成另外一个人，但会吸收、适应与你互补类型的强项，将其转换成属于自己的优势。

最后，我们要对正在建造下一代成功企业、创造持久价值与非凡规模的你们致意，表达我们由衷的支持与敬佩。

08　扩充技能库：突破个性限制，实现自我成长

人类最非凡的属性之一就是学习和适应的能力。最成功的商业创业者在这两个方面表现尤为卓越。本章中，我们会列举并解释具体的建议和方法，帮助你成长、适应，从而提升你作为创业者的能力。

你不但能了解你的个性发挥作用的方式和原理，而且还能通过拓宽能力与技巧的边界，有意识地改变天赋的运用方式。换句话说，无论你处于职业发展的哪个阶段，我们希望你都把个性当作发展中的事物，类似一部电影，而不是一帧画面。我们相信，你可以直接调整个性，影响从创业到扩大规模的全过程。

表8-1 创业者性格档案回顾

创业者性格类型	动机	决策	管理策略	领导力风格
驱动者	创业型人格，容易被创意点燃，对商业化充满热情，自信满满。	起初依靠直觉，之后寻求数据及其他外部参考以评测、改善决定。	事必躬亲，善于指挥，失败容忍度较低甚至为零。	重结果及产出，常吸引并激励思维相似的完美主义者，然而和没有相同紧迫感或不以目标为导向的人难以共事。
探索者	对棘手的难题抱有好奇心，认为创业意味着为这些难题系统地制定可商业化和可规模化的解决方案。	动力十足，条理清晰。相信每个难题都能被分解成若干组成部分，逐个分析之后，最佳决策就会出现。	亲力亲为，擅长指挥。期待每个人都能像自己一样有条理，有好奇心。	倾向于吸引系统思考能力强的人，在他们表现出系统解决问题及深度知识储备后，会对他们产生信心。认为其他人对干释放自己，关键领域的成功管理有助于释放自己，从而把更多的时间放在对公司发展更有价值的事情上。

续　表

改革者	解决重要问题，让世界变得更美好。拥有深刻的同理心，能感知其他人的需求及欲望，通过打造有使命感的公司满足众人的需求。	依赖直觉，通过感性认识判断对错。	改革者通常会被创业使命及直觉引导，不擅长解决棘手的问题，因为他们一般选择避免冲突，允许业绩不佳的人滞留在团队中，而不会让他们离开公司。	容易吸引人才负责公司及业务运营，用愿景及公司使命激励他们，而不是以系统的方法指挥他们。
引领者	通过释放个人与团队的生产潜力，打造持续产出价值的企业。	平心静气，关注增长；对于使命、愿景和先前的个人投入，保持谨慎且一致。	对个人及团队，在沟通与期望管理方面，直接诚实且从一而终。	在确定清晰的目标及期待之后，赋能于人，同时坚持诚实和透明为基础的核心原则；把共识当作主要推动力。

约翰·克劳利：行动中的大师级创业者

2014 年我们认识约翰·克劳利的时候，他已经显示出成熟引领者的特质。他懂得如何赋能于员工、带领团队，无论是科学家、销售人员，还是营销专业人员、患者护理协调员。他创办的第二家公司 Amicus 拥有十分清晰的愿景，即利用生物技术打造新型药物，治疗传统制药公司断然放弃或爱莫能助的多种罕见疾病。

然而，我们感觉克劳利是一名天生的驱动者。他的父亲是新泽西州卑尔根郡的警察，他的母亲是一名学校教师。他首先被美国海军学院（US Naval Academy）录取，之后进入哈佛商学院攻读 MBA。作为前海军特遣队的顾问，他已习惯在高压环境下发号施令。如之前的章节提到的，当他的两个孩子被诊断患有如死刑一般的庞贝症时，克劳利身上的驱动者本能就被激发出来了。

那段时间里，克劳利铁石心肠，冷酷无情；他对市场及资本化的方式有敏锐的直觉。然而，当他成为一名成熟的创业者时，他发现了自己内心中的引领者，意识到除了磨炼天生的商业直觉外，吸引并管理科学家、投资人和其他人才还需要他培养更宽泛、更能赋权于人的领导技能。

克劳利是这样总结他的经历的："我之前认为自己什么都懂，并不需要任何帮助或建议。现在我意识到我当时有多无知。其实，想想当初那么固执，我都不敢相信居然做了对的事情。"

两种策略，成长为更优秀的创业者：专家或大师

虽然创业者有许多方法提高能力，但我们只着重讲解我们所做研究中出现的两种策略。

第一种是专家级创业者策略，即我们在之前介绍每种创业者性格的章节中扩展的"强化与弱化"的建议。美国国家风险投资协会前主席保罗·梅德尔告诉我们："我真的不在乎你属于哪种创业者性格。你只要做到你那一种类型里最好的人就可以了！" 这种策略旨在提升并注重你特有的专业能力，然后在每个增长要素的方面，给予他人足够的权力，把你不擅长、不感兴趣的角色和任务分配给他们。

第二种是大师级创业者策略，即学习并吸取其他创业者性格的某些技能与手段，从你认为最具挑战的增长及规模化方法开始。如本书从始至终所描述的，每种创业者性格的基本专业能力可以概括如下：

驱动者是产品市场匹配度的专家。他们能准确地感知新型的市场需求（不仅针对刚刚出现的需求，还包含未来很可能出现的方向），并且具有敏锐的商业意识，让他们把洞察转换成可以向客户展示的价值。

探索者善于解决复杂且战略性极强的客户难题。他们了解潜在的运作体系，不灭的好奇心带领他们构思更好的解决方案，抓住机遇、解决实际的经济问题。

改革者会用强有力的使命激励团队，统一彼此的利益，达成更好的成果。他们会给员工和客户足够的目的性和自豪感，不断吸引真正投入且专心的追随者。

引领者擅长打造可持续的文化，拥有强大的执行力与专注力。他们对合作的偏好能培养团队的责任感、开放氛围以及持续输出经济成果的能力。

想要成为一名大师级创业者，你需要扩展管理及领导的技能，就像冠军运动员不断训练，逐渐掌握新的击球、划桨或踢球技巧一样。你不需要完全变成另一种人格，只需要借鉴他人的突出优点，收入自己的技能库。

所以，每种创业者类型是如何在个人和职业发展中获得动力、灵感与勇气，开始追求这种大师级创业者策略的呢？

无论是成果颇丰还是不尽如人意、符合预期还是出于偶然，通往大师的路都不可预测。不管选择哪条路，打算追求大师级创业者策略的创业者都意识到自己需要做出改变，升级自己的效力及成就。当然，我们每个人都有自己的伤疤，毕竟在纪念胜利的奖杯之外，还有令人痛苦的挫败。事实上，就是这两种极端经历的结合使创业者愿意考虑大师级创业者的策略。这些经历与所得可以点燃持续进步的愿景与能力，督促创业者不仅打磨专业技能，而且掌握真正的大师技艺。

驱动者如何向引领者看齐，掌握引领者的智慧，习得纯熟的领导能力？驱动者也许能最终取得他们追求已久的成功，过程中不得不付出代价，直面他人的疏离。探索者又会怎样呢？什么样的经历能促使他们重视改革者善于建立的共情，从而吸引并留住追随者，而不只是用一个个棘手的难题吸引团队成员？或许就像驱动者一样，成功与随之而来的空虚会让身为系统思考者的探索者意识到，联结人类情感的系统比他们可以全身而退的安全领域更复杂、更有力量。

为什么许多改革者对伟大的创意倍感满足，但缺乏踏实推进的耐心？也许对于一些人来说，他们会被怀有同样崇高使命但具有更强自制力的竞争者打败。从这种失望的痛苦中，改革者才能有动力欣赏探索者约束力强的系统思维。那么引领者会怎么样呢？他们非常擅长通过赋权与赋能聚合并利用其他人的生产力，但可能不愿意以个人的身份走到责任的聚光灯下。或许这不意味着谦虚，而是一种自我怀疑与恐惧。在这种情况下，驱动者藐视一切、一人扛的勇气可能有助于避免猝不及防地受到市场结构性变化的打击。

无论你抵达拐点之前有过什么样的经历，你都可以考虑采用高管顾问的陪伴与客观建议，他们可以帮助你一路追寻创业者大师的轨迹。身为曾与优秀顾问合作过的当事人，我们认为这些顾问可以大大减少创业路上的艰难险阻，帮你享受这段旅程。

正如你从第一章到第四章、图 6-1 中看到的，每种创业者类型都有相应的优势和劣势，天赋与不足。在这本书中，我们一直在强调一种创业者的天赋可能是另外一种创业者的不足，反之亦然。我们将其称为"对立补充"现象，即利用一种性格的强项作为范例，从而弥补另外一种性格的弱项。具体说来，我们看到驱动者与引领者是对立补充的关系，探索者与改革者也是。我们会在大师级创业者的部分对此详细展开讲解。

你觉得最需要向谁学习，学习什么方面的技能？

现在，鉴于你已经了解了所有四种创业者类型以及他们各自处理每种增长要素的方式，我们建议你反思自己的情况。想一想迄今为止你遇到的挑战与机会，或者在推进每种增长要素时会遇到的挑战与机会。思考所有五种增长要素，从最能激发你发挥优势的到你最不擅长的，把它们一一降序排列出来。在下面的图 8-1 中，在你最擅长的那项中标 1，其次擅长的标 2，以此类推。用 5 代表你最不擅长的增长要素。对于标出来 3~5 的几项，再思考一下哪种创业者性格能比你做得更好。你的答案能让你更深刻地理解你最擅长的领域，更重要的是帮你意识到向谁学习最有必要。

图 8-1　五种增长要素

在你思考哪种策略最适合自己的情况时，可以用图 8-1 做一个简单的练习，选出你最需要的学习对象以及领域。

因为每种创业者都展示出不完全相同的创业者性格特征，所以我们提供了以下建议，即针对每种增长要素，列出哪些创业者类型具有明显的优势：

增长要素	创业者性格优势
解决方案	驱动者和探索者
团队	引领者和改革者
客户	驱动者和改革者
投资人	所有四种类型都有可以借鉴的做法
规模	引领者和探索者

专家级驱动者："你没必要驱动一切"

一部分驱动者可能会决定把注意力放在让自己感觉舒适的区域里，另外聘用 CEO 来领导、管理整个组织架构。正如第五章讲到的，我们强烈建议所有创业者分开考虑股权分配与管理企业的角色和权责。选择专家级驱动者的驱动者会继续做他们天生擅长、热爱的事情，用心建造并不断迭代产品，凭借他们对变幻的市场的洞见实现盈利。这些驱动者可能会把 CEO 的钥匙转交给一个职业经理人，让他承担相应的责任，但同时保留首席产品官或者董事会非执行主席的角色。

在这种策略的引导下，驱动者不会试图改变根本的性格特征。你还是那个对团队要求严格的人。然而，这种策略会让你放飞去做你最擅长的事，即利用你对市场的灵敏感知，认定公司的下一代产品与服务；而对于规模化所需的其他方面，例如打造以合作为主的文化，则可以交由其他更擅长这些事情的人去做。

🎯 大师级驱动者："放开方向盘，像引领者一样学会赋能"

驱动者对产品与市场的执念可能会扼杀他们更宽广的领导力发展潜能，而这些技巧正是引领者最擅长的。接下来让我们深入了解一下在规模化的各个阶段驱动者应该怎么做。

创业初期，如果你是一名驱动者，你感知市场发展方向的机敏与天赋能够让你的早期产品满足市场需求，赢得早期员工、客户与投资人。在增长的最初几个阶段，你的能量与韧劲可以一直充当驱动力。然而，随着业务规模不断发展，几百名员工在不同地区的办公室同时做事时，连驱动者都没有足够的能力，像他们最初那样指导并鼓励这支庞大的队伍。

你可以从船长那里借鉴的另一种技术是，他们能够构建可扩展的、授权的团队，具有非常清晰的角色、职责和责任。这种清晰可以缓和你过度控制的本能。如果你能放开细节，但对结果保持明确的问责，你就能在不完全依靠自己的情况下达到预期的结果。关注你的团队成员做了什么，而不是他们如何做。

在规模发展的后期，所有创业者都需要充满热情、能力突出的团队成员。将这些人聚在一起恰恰是引领者的特长。所以，作为一个驱动者，如果你渴望大师级创业者策略，你必须向引领者借鉴、学习他们的技巧与强项，引领者就是你的对立补充。一个引领者会从容地借力建造，提早播种，早于收获之前就做好准备。引领者认为自己的首要作用就是吸引和培养人才。引领者会小心谨慎地评析当下和未来所需的技能，以此提升业务规模。

驱动者应当在早期学会给每种职能多聘用几个员工，挑选那些超过目前某些职位要求但能完全应对规模化的人。针对关键职位采取多招人的做法能纠正驱动者的另一种习惯：驱动者下意识地想要抓紧方向盘，而不是培训、教会其他人如何做事。当你为一个职位多雇用了几个人，更有经验的人很有可能要求你放手，否则他们不会接受或留在这个职位上。

驱动者可以从引领者那里学习他们创建团队的技巧，打造可以提升规模、可赋权、每个人有清晰角色与权责的团队。这种清晰能缓和你过度控制的本能。如果你能放过琐碎的细节但仍然保留基于结果的权责切分，你就能以不完全依赖自己的方式达到预期的结果。关注团队完成了什么，而不是他们做事的方式。

你可能很快便发现，通过把目标从市场成功扩大到团队成功，你可以凭借后者实现前者。这种观点符合引领者的天性，但要求驱动者在追求影响力的野心与对控制的需求之间做出抉择。让驱动者达到初级成功的切实原因也会阻碍他们的进步。

本书之前曾介绍过的 Doctor On Demand 的联合创始人亚当·杰克逊在 2016 年年初就遇到了这种压力。当初，他把公司的领导权交给了一个之前在 PayPal 担任高级管理者的资深创业者。杰克逊告诉我们："我把事情根据目标进行调整，而我的目标就是在我们已有的空间里，建造最大、最成功的商业帝国。所以我必须招募比我优秀的人，给他们赋能，把愿景讲清楚，然后放手。"掌握大师级创业者技巧的驱动者能将天然的感知产品和市场的天赋与引领者的领导力结合起来。

专家级探索者："关注你对于解决问题的热情与天赋"

作为一个探索者，你可能会认为 CEO 不是能让你做出最大贡献、持续产出价值的最佳角色。

不管你选择什么职位，你都更适合担任公司的首席产品官或首席创新官。这类角色符合你潜在且持续的优势与兴趣。因此，探索者所在的团队应当考虑采用非传统的组织及汇报架构，为跟你一样的创业者提供一些自由发挥的机会，免受官僚制度的束缚。

布莱恩·奥凯利就是选择了专家级创业者策略的探索者。他留在了他的自由发挥的空间中，变身一名隐者，也就是说他直接与若干产品工程师在一线共事，没有与其他高管成员站在门后、指挥一个规模较大的项目组。这种非常规的方式正是他发出的明确信号，表明自己更注重利用解决问题的天赋。他的行事方法有别于 CEO 的传统角色，一般来说 CEO 更不愿意打破下达指令的流程。

由此可见，奥凯利充当的是产品经理的角色，他与一小支工程师团队一起，在一个上千人、估值大约在 20 亿美元的企业中着手解决眼下的增长问题。

那么在这样的架构中，谁来提供接触并鼓励团队成员的日常人文关怀呢？答案就是奥凯利搭建了一个黄金三人组：担任总裁的麦可尔·卢本斯坦（Michael Rubenstein）、担任首席运营官的乔纳森·徐（Jonathan Hsu）以及欧凯利。在 AppNexus 的案例中，前文中提到的"提升与赋权"的策略发挥了良好的作用。

大师级探索者："学习改革者以人为本的一面"

如果你是探索者，你的系统性思维能帮助你管理好业务发展中较为机械的方面，比如将创意转化成产品、调动成熟世故的客户与投资人、规划提升业务规模等。然而，除了业务的核心即解决具体问题之外，你或许不能满足追随者对目的与使命的需求。

通过了解正在发挥作用的运行机理与系统、进而生成相关的综合见解，探索者获得对周围世界的信心与控制。你越善于解决问题的运行机制，就越有自信。一种优越感也有可能会随之产生，而这或许会在你与扩大业务的团队之间制造一些隔阂。面向高管的培训老师或心理学家称之为削减个性化的人际关系，我们可以认为这种关系忽略了以人为本的原则。

为已经成功的业务扩大规模，关键在于提高承诺的水准，与企业的最终目的达成一致，而不只是满足职位与职责的要求。能为公司创造更高层次目的的探索者最终会招募并激励一支水平完全不同的团队，进而提升他们实现规模化的能力。

作为一名探索者，你应当学习如何从情感上影响追随者，而不只是单纯地凭借学术、商业或职业的手段。因此，与探索者完全对立但彼此互补的改革者最能教育探索者成长为一名大师级创业者。改革者通过与组织内部的个体成员建立共情的联系，鼓励并团结众人。马克·邦菲格利看到健身设施与化妆派对等举措能创造能量饱满的文化、发挥公司体系的作用，于是便选择这条路走下去。作为探索者，你有一系列偏好，可以以此持续建造。你重视诚实与透明，这正是建立深刻和互信关系的基石。这些特征是必要的，但也不是全部。

探索者更在意是否正确，因为他们视之为一种诚实的形式，不管它会如何影响同事的情绪。作为一个探索者，你需要越过这种表达形式给你带来的安全感，到达更远、更有风险的边界，在职业关系中让自己在情感上更外露，甚至更脆弱。

改革者能教你如何从核心的使命出发与团队沟通、管理团队，并与每一个团队成员培养一种彼此体谅的联系。对于改革者来说，正是使命感召唤他们开启创业的征程。我们不是建议你成为像改革者一样的传教士，而是鼓励你把使命感用作一种管理工具，从情感上触动并鼓励他人。

正如前文提到的，改革者本·科恩与杰瑞·格林菲尔德就给员工施加了目标感，结果员工就会周末带着自己的工具去公司加班，以确保冰淇淋的制作工序不出问题。之后，随着业务增长到收入几百万美元的规模，两位创始人又注入了一种社会使命感，允许员工在工作时间参加在旗下知名冰淇淋贩卖巴士Cowmobile 中举办的集会（Cowmobile 是本杰瑞旗下颜色艳丽的冰淇淋贩卖巴士，上面印着一只佛蒙特州农田里的奶牛）。

这种带有佛蒙特州民间风格的社会事业在探索者看来可能显得有些愚蠢。但你应当透过表象，领悟其中发挥作用的精髓：科恩与格林菲尔德找到了一种方法，将一种意义和目标注入公司发展的过程中，并确保员工的生活也能因此更有使命感与目标感。投入其中的员工随后也会招募思维相像的人帮助扩大业务规模。

总而言之，如果锋芒毕露的探索者在运用系统思维之余可以柔软温和地采用改革者振奋人心的使命感策略，那你将会强大到无可阻挡！

专家级改革者："专心做好使命的标准传承者，聘用一名运营专家"

改革者应该是四种创业者类型中最善于说服他人为某个市场或整个世界做出巨大贡献的人。通常魅力四射、能言善道的你能展现出一种很有感染力的激情。从字面意义上看，你就是一名实打实的"游戏创作者"，帮助其他人想象出一种全新的方式以产出价值，无论是让普通消费者能负担得起奢华时尚设计品牌的 Rent the Runway，还是改变废物回收业经济规则的 Rubicon Global，抑或将冰淇淋与社会变革联系起来的本杰瑞。在专家级创业者策略的引导下，你全神贯注地将观察、创造、表达的天赋应用于客户、员工及供应商的群体中。你是首席布道者。你不仅扛起公司的大旗，而且从很多方面来看，你本身就是旗帜。

然而，作为一个改革者，你做事的方式有两大挑战。你可能飞得太高，你对于使命的关注可能让你花太少的精力顾及业务的运营细节。我们刚提到的、探索者应该向你借鉴的强项，即纯粹的同情心及和员工之间的联系，恰恰能让你遇到这个问题。对于你来说，这种美好的品质会阻碍你处理绩效不佳的员工，逃避与人正面发生冲突。简而言之，你的同情心有可能打败你。

如果你采用专家级创业者的策略，你就需要赋权给认真专注、值得信赖的人，代表你运作、管理公司的必要日常事务，从而实现你的使命。为了能够成功地赋权，你需要任命正确的运营领导，他们的技能与风格可能与你大不相同。因为挑选并评审运营技能不是改革者与生俱来的强项，所以选择正确的顾问会很有帮助。外部投资人是填补这类经验缺失的重要资源，尤其是那些擅长某些种类业务、与某种职能专家合伙的人。

大师级改革者："借鉴探索者的系统思维"

使命和吸引员工、客户、投资人的人格魅力能让改革者产出无尽的动力。如上文中提到，改革者通常缺乏每一种业务规模所需的运营能力，而这刚好是探索者的优势。

所以改革者应当如何成长为大师级的创业者呢？不妨借鉴改革者的系统性思维，结合上一小节提到的建议，他们刚好能与改革者彼此补足。

改革者可以向如资深机械师一样的探索者学习。但一个充满同情心、依靠直觉的创业者该如何向行事风格完全相反的创业者看齐呢？我们相信，通往探索者系统思维的桥梁就在于改革者能够察觉不协调的领域并挖掘商机。两种创业者都擅长深入挖掘现行的系统。

探索者会分析事实，而改革者会凭直觉确认需求及欲望。如果作为改革者的你能透过感知一致性的直觉分析运营问题，你就能逐渐学会探索者的运营特长，但你也会以你的方法执行。

⚙ 专家级引领者："持续赋权、培养并倾听"

引领者的建造游戏会集中于以团队为核心的领导力。这项天赋让你利用追随者的内在动力，通过愿景、相互责任以及赋权管理团队。

作为一个引领者，你能出色地找到让个人与团队展现最佳一面的方法。在这种策略之下，你不断应用纯熟的技能，倾听、赋权、赋能于下属和他们管理的团队。

专家级引领者会延展他们的领导力与管理成熟度。与职业生涯的早期相比，你现在很可能管理着一支由各种性格的人组成的团队。为了更好地利用你的领导天赋，你需要花更多时间熟悉团队成员不同的思考、沟通甚至倾听方式。这样做能提高你的能力，让你懂得如何把业务需求转化成人们能理解的职责。

在引领者看来，赋权策略听上去有些反抗直觉。它要求你跨越正在发挥作用的团队编排，真正地把接力棒交到他人手上，看看在你缺席的情况下，整支队伍是否还能正常运转。如果他们能够做到，你便可以扩大影响力，触及并鼓舞更多不同团队与架构下的各种员工。

大师级引领者："借鉴驱动者掌握市场变化、探寻匹配产品的能力"

如我们之前讲过的，引领者是四种创业者类型中综合能力最强的一类。如果你是一个引领者，你天生擅长挑选、指派、鼓励他人，朝着公司的共同目标齐心协力、顽强奋斗。你诚实、透明，因此能在员工之间创造一种深度的信任感。你借力于他人建造、管理公司，使每个人为各自清晰明确的结果目标对彼此负责。

所以，如果引领者想要追求大师级创业者的策略，要向哪类创业者学习什么能力呢？我们相信，驱动者就是引领者所需的对立补充类型。如我们上文中指出的，驱动者可以向引领者学到很多，但反过来也是一样，尤其在公司面对竞争更激烈、市场变化更多的情境时，加速规模化显得尤为重要。作为引领者，你需要通过驱动者和探索者聚焦问题及解决方法的技能提高你的执行力，但同时也应当避免这两种创业者显现出的自满与膨胀。

回顾一下我们介绍过的引领者，他们都以简单实用的洞察实现了商业成功，例如苏里·苏利亚库姆那，一统小型建筑公司的设计图业务，提高纸张购买的效率，赢得全国几家大型工程公司作为客户。到 2016 年年末，他开始为客户提供其公司负责的建筑设计图云储存及检索服务，以此通知建筑物的维护及使用末期的拆除情况。

在大师级建造策略的指引下，驱动者能扮演榜样的角色，指导你如何确保市场变化不会影响你，导致进行中的业务与客户的潜在需求和欲望脱节。回想一下李美钟是如何有意识地觉察到她的时尚业客户的潜在需求的。她对这些客户不断演变的需求了如指掌，并且有能力随之调整，而不是被动地在快速变幻的时尚行业中沦为过眼烟云。

为了更好地感知市场的变化，你需要直面一个重要的挑战。你必须愿意拉动团队，甚至包括你自己，离开舒适区。你的野心会让你突破一贯的赋能习惯。在快速变化的市场中，你可能需要利用野心，帮助你抵抗下意识的倾向，牺牲一部分团队精神，完成一次战略性调整。或许你能像苏利亚库姆那样先得到答案，然后再带领团队认识你已经得出的产品或市场洞察。

本章开头我们介绍了约翰·克劳利成长为大师级创业者的轨迹，结尾又一次援引了另一个例子，介绍创业者如何扩展技能组合，用一种强项弥补一种弱项。

作为一个创业者，在建造的冒险中，你无疑会不断快速学习、适应、成长。我们知道建造的过程充满曲折。我们希望这一章中的战略与前几章中的洞察能增加你的热情，使你更好地面对增长过程中的挑战。

劳里·史宾格勒：行动中的大师级创业者

如第一章描述的，劳里·史宾格勒建造并出售了一家名为"中欧咨询集团"的欧洲财务咨询公司。从许多方面来看，史宾格勒是一名典型的驱动者。当1993年捷克斯洛伐克分裂成捷克和斯洛伐克时，这位来自新泽西州的年轻女性就觉察到市场的巨大机遇。

从中央管制型经济体走出来的公司在向市场经济转变时，需要资本渠道与重组方面的建议与指导。这位对市场十分灵敏且勇敢的女性在一个男性主导的行业和商业环境中开始自己的创业征程。

正如上文提到的，作为驱动者的史宾格勒具有充沛的活力、自信与韧性，但她展现出来的能力远超于此。作为一名大师级创业者，她拥有改革者对使命的觉知，也有引领者高级的领导才能。

很大程度上讲，史宾格勒的动力与改革者相同："我希望世界不会在商业成功与慈善事业之间存在不可弥补的差异，为此我愿意做出自己的贡献。我很想提升商业模式，让人们看到这两者能很好地结合起来。"

史宾格勒内心里的改革者因引领者的领导精神而变得更加强大。她的父亲是一位成功的企业家，告诉她"成功是要通过各种利益相关者的共同驱动实现的，其中就包含员工；要给员工提供好的工作、福利，让他们有能力供自己的孩子上大学"。所以当史宾格勒考虑出售自己的公司时，她考虑过资本最大化的选项，即把公司卖给了一家大型金融服务公司。

但是，她最终选择以更低的价格把公司卖给员工。在解释自己的动机时，她说："这样我可以在我奋斗过的社区，为下一代创业者播下种子。"回忆起这个时期时，她告诉我们："我觉得我也在成长。我的价值观更加成熟了，而不是我的个性。在我的职业生涯中，我的锚点是我的价值观，以及我期望中世界的面貌。"

劳里·史宾格勒就是一名模范的大师级创业者，一位成就卓越，集结驱动者、改革者与引领者特点的综合型人才。

写在最后

如果你的公司十分需要以增长为目标不断建造，那么你的性格便是重中之重。它能塑造你的业务、团队以及成功所需的能力。我们希望这本书能帮助你更快实现这个具有挑战又十分必要的目标。现在，你应该可以解读、理解、找到成为更强大创业者的路径了，无论你是驱动者、探索者、改革者还是引领者。

我们希望能帮助创业者们评估并发展更深层、更有产出的合作伙伴关系，与此同时，支持他们及其团队，识别并选择最能与目标及风格匹配的团队成员。最后，我们还希望加强创业者、投资者和企业赞助人相互挑选的方式，从而最大程度上保证目标、方法和风格的一致。

从头开始创造具有持久价值的企业是一个艰巨的挑战。许多因素都会左右整个进程——从我们能见证的事情，例如竞争对手的举动，到我们无法察觉的事情，例如秘密的技术革新。宏观经济的力量能冲击、鼓动或破坏整体形势；当然，纯粹的运气也会始终在幕后发挥着不小的作用。

在所有这些力量中，性格是一个你可以控制的因素。你的个性不会像你最忠实的支持者或最严格的批评者相信的那样完美或糟糕。但性格是一种独特且强大的资源，在充分认识之后，你可以利用它施加更大的影响。我们希望，你因为我们而掌握了必要的工具、信息和实现这一点的方法。

无论你属于哪种创业者性格，创业、发展业务、实现增长都是创造机会、促进繁荣的可贵尝试。我们的经济、社会和世界依赖你创造的商业成功及增长。

总而言之，我们需要你、你的团队和你的公司为了增长而全力建造。

附录一

我们的方法：如何解开企业创业者的秘密

在克里斯和他的团队成立和发展罗塞塔的 13 年里，他们为许多全球 1000 强公司进行过成千上万个性格聚类分析项目。罗塞塔团队分析了超过 100 万受访者提供的数十亿计的调查结果。他们服务的对象包括强生、基因泰克、辉瑞、百时美施贵宝、大通银行、富达投资、第一资本、花旗银行、三星、微软、动视暴雪、NPR 和特奥会等数百家来自健康、金融服务、消费者科技和非营利领域的组织。这些洞察会被用于策划和执行针对全球特定市场的营销活动。

这种方式收效良好，并取得了令人瞩目的成果——平均而言，这些营销活动的效果提升了 75%~150%（每美元营销支出所带来的营收增长）。事实证明，这些营销活动能够大大提升消费者购买欲望和营销投资回报。

罗塞塔的性格聚类分析方法能适用于市场营销领域，是因为这个工具会根据每个行业的消费者的动机和偏好将他们分成专门的群组，再配合一系列针对不同群组的分类工具，根据每个群组最关心的问题调整产品、营销信息和服务。

创业者类型学

在证明了罗塞塔的性格聚类分析方法能够解密全球消费者的购买行为以后，我们与罗塞塔合作将他们的分析引擎调整应用于解决商业建造的关键问题：谁是建造这些全球领先企业的人，他们的动机和方法是什么？我们主要回答这三个问题：形成和决定不同创业者性格的因素是什么？不同创业者类型的偏好是如何影响他们的建造行为的？最后，当我们把创业者性格发现（BPD）工具应用在创业者身上之后，我们会深入回访他们建造企业的细节，这时我们收集到的信息是否与各种创业者类型的偏好相一致？

创业者类型学背后的四个因素

我们为本书的访问设计了一个带有 10 个问题的 BPD 工具，这些问题来自一个面向更大范围的成功企业创始人的调查工具，并从超过 100 个调查问题中提炼得出。后者的调查对象包括超过 450 位至少实现 300 万美元年度营收，并且至少拥有 3 年行业经验的企业首席执行官。另外，我们还邀请了一批来自青年总裁组织（Young Presidents' Organization）和女性总裁组织（Women Presidents' Organization）等专业组织的成员作为调查对象，因为这些组织之中有许多符合我们标准的企业创始人。

利用罗塞塔的专利聚类分析算法对上面提到的测试者数据进行分析之后，我们得出了能够将创业者分成四种不同类型的因素以及具体的维度：

1. 动机与自我认同

· 测试者认为自己是注定要成为商业创业者的人，还是偶然成为商业创业者的人？

· 测试者认为自己的成功有多大程度应该归功于运气和市场时机？

· 测试者更偏好于销售还是实现产品或服务？

2. 决策模式

· 测试者更依赖于直觉还是事实？

· 测试者是否鼓励试验？

3. 领导风格

· 测试者是否通过同理心鼓励他人？

· 测试者会把公司看成"我的公司"还是"我们的公司"？

4. 管理方式

· 测试者是否认为自己的管理团队是企业成功的关键？

· 测试者倾向于亲力亲为还是自由放任？

· 测试者会为了自己个人还是公司做出艰难的决定？

这些维度都反映在 BPD 工具的 10 个问题中（详见前言的"你最符合哪种创业者性格？"），并由 www.builtforgrowth.com 网站的算法提供支持。

创业者性格发现（BPD）工具的局限

跟所有其他心理测量工具（即用于比较和分类个体的问卷调查）一样，我

们的 BPD 工具也有三个方面的局限：

一致性

类似于迈尔斯—布里格斯性格分类法（Myers-Briggs Type Indicator）、霍根性格分类（Hogan Personality Inventory）等心理测验，BPD 工具也依赖于测试者准确诚实的回应。因为同一个测试者在不同的心态下可能会测出不同的结果。这种分类的差异性是所有同类工具一个固有局限，我们的 BPD 工具也不例外。

准确性

由于任何基于自述数据的测试工具都依赖于测试者的诚实回应，而且测试结果容易受到测试期间的心态影响，因此我们建议你在一周到十天内的不同情况下多次完成我们的 BPD 测试——尤其是当你认为初次分类的结果不太准确时。重复完成该调查可以帮助你发现自己的主导类型。

另外一种方法是邀请两三个你信得过的亲密好友，让他们根据这些问题对你做出一个评价。在得到他们的意见后，再对比自己的答案是否符合他们的看法。这样能够更好地确保你的测试结果的客观性。

混合多种创业者类型的创业者

很少人的性格会完全符合某种性格分类的定义，一个人的性格也不会保持一成不变，这对于我们的创业者性格来说也是如此。我们生来都是擅长适应环境的人，我们会观察在身边共事的人，并学习他们身上的品质。当然，这种适应能力是你培养和丰富自己的建造技能的高效方式。我们认为这种适应性的性格混合是后天形成的（从身边环境学习）。但是有另一种性格混合是与生俱来。以人们近年来热烈讨论的性别问题为例，现在最新的假设是我们应该将性别看成是一个范围，而不是男性和女性这样的二元分类。

为了反映这个混合性格的概念，我们会根据测试者的回应评估他是否为两种性格类型的结合，如果是的话，他是哪两种性格的结合以及具体的性格比例。这种混合性格的洞察只在我们的网站提供，因为我们会将你的回应与整体测试人群的统计数据做比较。虽然我们无法分辨你的性格混合是先天还是后天形成的，但是我们可以判断你最可能属于我们的哪一种创业者类型，还是两种类型的混合。所以如果你对此感兴趣的话，请访问我们的网站 www.builtforgrowth.com。

图 A-1 展示了 BPD 工具可以选择的回应范围。大多数的回应都会以 7 分制的范围来评判，也有部分的是非题。

性格测试简介及性格聚类分析的适用范围

尽管我们都倾向于相信自己是绝对独特的存在，但是性格种类的数量其实是有限的。罗塞塔的性格聚类分析方法借用了凯瑟琳·库克·布里格斯及其女儿伊莎贝尔·布里格斯·迈尔斯的概念。

1. 动机与自我认同

命中注定……成为商业创业者的动机……偶然事件
重要……运气与时机对成功的作用……不重要
销售产品/服务……角色偏好……实现产品/服务

2. 决策模式

基于直觉……方式……基于事实
喜欢……试验文化……不喜欢

3. 领导风格

对领导重要……同理心……对领导不重要
"我的公司……对公司的看法……我们的公司"

4. 管理方式

成功的关键……管理团队的作用……不太重要
控制狂……控制欲……自由放任
为了公司……艰难的决定……为了个人

图 A-1 创业者性格发现（BPD）工具的四个因素及细分维度

20 世纪 40 年代初，布里格斯和迈尔斯研发了一套被称为"迈尔斯—布里格斯性格分类法"的心理测量问卷。该工具旨在测量人们认知世界和决策的心理偏好，它最初是为了帮助女性在二战期间找到最符合自己性格的工作。这个工具从建立至今已经被使用了数百万次。

这项开拓性的工作所得到的成果孵化出了一个完整的性格测试产业，而罗塞塔的性格聚类分析技术也在这个领域占据一席之地。如果我们将整个性格分类工具集合看成一个平放的漏斗（见图A-2），漏斗的开口是通用型性格测试，即一系列适用于测量大范围人群的明显性格差异的工具。漏斗的中部是专注于特定领域人群的工具，比如商业人士和创业者。漏斗最窄的部分是更为专门的性格工具。下面是这三种工具的详细介绍。

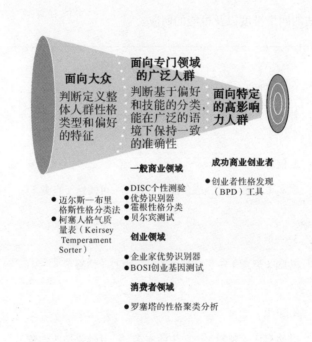

图 A-2　性格分类工具实例

通用人群性格工具

迈尔斯—布里格斯性格分类法是这类通用工具的最知名代表。基于卡尔·荣格的理论，布里格斯和迈尔斯的研究成果假设所有的人类性格都能归类到四个维度上（内向与外向、实感与直觉、情感与思考、判断与理解），并且从中可以得出16种各不相同的性格（以上四种维度的不同搭配）。例如，如果你是INTJ类型，你的性格会更为内向（I），更依赖于直觉（N），更热衷于思考（T），以及更倾向于运用判断来应对生活（J）。图A-3详细描述了迈尔斯—布里格斯性格分类法的四个维度以及可能的回应。

---

1. 偏好世界

外向（外部世界）……能量来源……内向（内心世界）

2. 信息

事实（实感）……信息获取方式……可能性（直觉）

3. 决策

头脑（思考）……决策方式……内心（情感）

4. 组织

井然有序（判断）……生活方式……开放弹性（理解）

图 A-3　迈尔斯—布里格斯性格分类法的四个维度

面向专门领域广泛人群的性格工具

在漏斗的中部是面向专业领域广泛人群的心理测量工具。它们的基础类似于迈尔斯和布里格斯的研究成果，不过它们关注的是在专门领域区分个体的因素，比如商业领域的人群，或者是潜在创业者这种更细分的人群。

1998 年，克里斯和罗塞塔的团队产生了利用心理测量工具细分消费人群的想法。他们通过一套流程来建立用于解释消费者个体行为及动机的行业专用工具，这些工具涵盖信用卡、手机、止痛药和服装等消费领域的购买和品牌选择决策。他们最初的假设是，每位消费者购买行为都会受到一系列的信念、动机和偏好的影响。

例如，我会不会买一部新手机？如果会的话，怎样的信念（我认为苹果的手机更好）、动机（这个品牌和款式会向我的朋友投射的印象）和偏好（通话和上网功能、价格、服务范围）的组合会驱使我完成购买行为？罗塞塔将这个专门领域称为手机性格类型学。多年以来，它一直将其运用于提升 AT&T Wireless、Sprint 等知名手机制造商的市场营销效果。罗塞塔还建立了其他类似模型来分析全球数百个领域的消费者选择。

另外一种面向专门领域的工具来自盖洛普的优势识别器 Strengths Finder。Strengths Finder 已经帮助成千上万的个人及雇主找到测试者的内在优势。在掌握这些信息之后，雇主可以将员工安排至最合适的岗位，甚至可以一直为他们后续的职业发展路径提供帮助。近年来，盖洛普将该工具调整成用于判断个人是否适合创业的工具，并编纂了一本名为《企业家优势识别器》（*Entrepreneurial Strengths Finder*）的书。这本书为希望了解自己是否符合成为创业者条件的个人提供了宝贵的洞察。

面向特定高影响力人群的性格工具

漏斗的窄端是一些面向特定人群的非常专门的性格工具，它们会根据高度专门领域人群的信念和偏好对选择和行为的影响来区分他们。我们与罗塞塔为本书研发的 BPD 工具就属于此列——专门设计用于发现成功新事业创业者背后的性格图谱。

附录二

创业者典型类别：各种创业者类型的性格模式参考

驱动者（性格模式参考）

动力与自我认知

1.我一直知道某天会开自己的公司，做自己的事。
不同意　　　　　　中立　　　　　　　（同意）

2.我认为我能成功的三要素是运气、时机以及市场环境。
（不是）　　　　　　　　　　　　　　　　是

3.我会因为销售产品（服务）/发布产品（服务）而充满动力。
（销售）　　　　　　中立　　　　　　　发布

决策模式

4.在确认一个问题时，我更依靠事实/直觉。
事实　　　　　　　中立　　　　　　　（直觉）

5.我们的公司文化十分鼓励实验与尝试。
不同意　　　　　　中立　　　　　　　（同意）

管理方式

6.我认为成功的最关键因素之一是管理团队/负责管理的同事。
（不是）　　　　　　　　　　　　　　　　是

7.我许多朋友或同事都觉得我是控制狂。
不同意　　　　　　（中立）　　　　　　同意

8.我不认为艰难的商业决策是个人问题。我只是把它们看作商业的一部分。
不同意　　　　　　中立　　　　　　　（同意）

领导风格

9.我主要通过同情心/同理心激励他人听从我的领导。
（不是）　　　　　　　　　　　　　　　　是

10.我把公司当做我的公司/我们的公司。
（我的公司）　　　　中立　　　　　　我们的公司

探索者（性格模式参考）

动力与自我认知

1.我一直知道某天会开自己的公司，做自己的事。
(不同意)　　　　　　　　　中立　　　　　　　　　同意

2.我认为我能成功的三要素是运气、时机以及市场环境。
(不是)　　　　　　　　　　　　　　　　　　　　　　是

3.我会因为销售产品（服务）/发布产品（服务）而充满动力。
销售　　　　　　　　　　　中立　　　　　　　　　(发布)

决策模式

4.在确认一个问题时，我更依靠事实/直觉。
(事实)　　　　　　　　　　中立　　　　　　　　　直觉

5.我们的公司文化十分鼓励实验与尝试。
(不同意)　　　　　　　　　中立　　　　　　　　　同意

管理方式

6.我认为成功的最关键因素之一是管理团队/负责管理的同事。
(不是)　　　　　　　　　　　　　　　　　　　　　　是

7.我许多朋友或同事都觉得我是控制狂。
不同意　　　　　　　　　　中立　　　　　　　　　(同意)

8.我不认为艰难的商业决策是个人问题。我只是把它们看作商业的一部分。
不同意　　　　　　　　　　中立　　　　　　　　　(同意)

领导风格

9.我主要通过同情心/同理心激励他人听从我的领导。
(不是)　　　　　　　　　　　　　　　　　　　　　　是

10.我把公司当做我的公司/我们的公司。
我的公司　　　　　　　　(中立)　　　　　　　　我们的公司

🚩 改革者（性格模式参考）

动力与自我认知

1.我一直知道某天会开自己的公司，做自己的事。

（不同意）　　　　　　　中立　　　　　　　　同意

2.我认为我能成功的三要素是运气、时机以及市场环境。

不是　　　　　　　　　　　　　　　　　　　　（是）

3.我会因为销售产品（服务）/发布产品（服务）而充满动力。

销售　　　　　　　　（中立）　　　　　　　发布

决策模式

4.在确认一个问题时，我更依靠事实/直觉。

事实　　　　　　　　（中立）　　　　　　　直觉

5.我们的公司文化十分鼓励实验与尝试。

不同意　　　　　　　（中立）　　　　　　　同意

管理方式

6.我认为成功的最关键因素之一是管理团队/负责管理的同事。

不是　　　　　　　　　　　　　　　　　（是）

7.我许多朋友或同事都觉得我是控制狂。

不同意　　　　　　　（中立）　　　　　　　同意

8.我不认为艰难的商业决策是个人问题。我只是把它们看作商业的一部分。

（不同意）　　　　　　　中立　　　　　　　　同意

领导风格

9.我主要通过同情心/同理心激励他人听从我的领导。

不是　　　　　　　　　　　　　　　　　（是）

10.我把公司当做我的公司/我们的公司。

我的公司　　　　　　（中立）　　　　　我们的公司

引领者（性格模式参考）

动力与自我认知	1.我一直知道某天会开自己的公司，做自己的事。 （不同意）　　　　　中立　　　　　同意 2.我认为我能成功的三要素是运气、时机以及市场环境。 （不是）　　　　　　　　　　　　　　是 3.我会因为销售产品（服务）/发布产品（服务）而充满动力。 销售　　　　　中立　　　　　（发布）

决策模式	4.在确认一个问题时，我更依靠事实/直觉。 （事实）　　　　　中立　　　　　直觉 5.我们的公司文化十分鼓励实验与尝试。 不同意　　　　　中立　　　　　（同意）

管理方式	6.我认为成功的最关键因素之一是管理团队/负责管理的同事。 不是　　　　　　　　　　　　　（是） 7.我许多朋友或同事都觉得我是控制狂。 （不同意）　　　　　中立　　　　　同意 8.我不认为艰难的商业决策是个人问题。我只是把它们看作商业的一部分。 不同意　　　　　中立　　　　　（同意）

领导风格	9.我主要通过同情心/同理心激励他人听从我的领导。 不是　　　　　　　　　　　　　（是） 10.我把公司当做我的公司/我们的公司。 我的公司　　　　　中立　　　　　（我们的公司）

图书在版编目 (CIP) 数据

创业者的自我修养 /（美）克里斯·曲恩，（美）约
翰·丹纳著；王沫涵译 .—杭州：浙江大学出版社，2021.8
ISBN 978-7-308-19374-0

Ⅰ.① 创… Ⅱ.① 克… ② 约… ③ 王… Ⅲ.① 企业管理
－研究 Ⅳ.①F272

中国版本图书馆 CIP 数据核字（2021）第 063240 号

BUILT FOR GROWTH by Chris Kuenne and John Danner
Copyright © 2017 Harvard Business Publishing Corporation
Simplified Chinese translation copyright © (year)
By Hangzhou Blue Lion Cultural&Creative Co.,Ltd.,
Published by arrangement with authors c/o Levine Greenberg Rostan
Literary Agency
Through Bardon-Chinese Media Agency
All rights reserved.

浙江省版权局著作权合同登记图字：11—2019—162

创业者的自我修养

［美］克里斯·曲恩　　［美］约翰·丹纳　著　　王沫涵　译

策　　划	杭州蓝狮子文化创意股份有限公司	
责任编辑	曲　静	
责任校对	李瑞雪	
封面设计	水玉银文化	
出版发行	浙江大学出版社	
	（杭州市天目山路 148 号　邮政编码 310007）	
	（网址：http://www.zjupress.com）	
排　　版	杭州青翊图文设计有限公司	
印　　刷	杭州钱江彩色印务有限公司	
开　　本	710mm×1000mm　1/16	
印　　张	15.25	
字　　数	244 千	
版印次	2021 年 8 月第 1 版　2021 年 8 月第 1 次印刷	
书　　号	ISBN　978-7-308-19374-0	
定　　价	62.00 元	